クラッシャー上司

平気で部下を追い詰める人たち

松崎一葉
Matsuzaki Ichiyo

PHP新書

はじめに

今から十五年ほど前のこと。

さまざまな組織でメンタルヘルス不全の治療・予防システム構築に取り組んでいた私たちは、とある大手の広告代理店に招かれた。その会社の経営幹部が言うには、働きすぎで心を病む社員の問題に悩んでいるとのこと。そこで抜本的解決策を共に考えてもらいたいと、産業精神医学を専門とする私たちが呼ばれたのである。

ところが、対策チームを組んで同社に赴《おもむ》くと、ちっとも歓迎されている感じがしない。声をかけてくれた経営幹部以外の、お偉いさん方の顔つきが険しいのだ。話がまったく生産的な方へ向かわず、それどころか常務からこんなことを言われてしまった。

「メンタルなんてやめてくれよ」

にわかに意味が取れないでいると、常務は続けてこう言った。

「俺はね、五人潰して役員になったんだよ」

そして、私たちはこう告げられた。

「先生方にメンタルヘルスがどうの、ワークライフバランスがどうのなんてやられると、うちの競争力が落ちるんだ。会社のためにならない。帰ってくれ」

あまりにもはっきり拒まれて、あ然とするばかりだったが、考えてみればずいぶんな扱いを受けたものだ。「ああいう会社は長続きしないね」とこぼしながら帰った。

私の中で「クラッシャー」の概念が生まれたのは、あの出来事からだった。

昨今、人事部を中心に、「クラッシャー上司」という言葉が使われるようになってきている。

命名者は、元・東京慈恵会医科大学精神科教授の牛島定信先生と、牛島先生のもとで学んでいた私なのだが、当初、私たちはそうした存在のことを「潰し屋」と呼んでいた。

大手広告代理店の常務が口にした「五人潰して役員になったんだよ」というフレーズが耳から離れず、私は「潰し屋問題」について研究するようになった。研究を進めれば進めるほど、この問題は広く一般に知られたほうがいいという思いが強まり、私は「潰し屋」をより目に留まりやすい「クラッシャー」という名称に置き換えた。一挙に広がる流行語とはならなかったが、徐々に「うちにもいる」「自分の上司がまさにそうだ」「いま社内問題になっている」などの声を耳にするようになった。

私が精神科産業医として契約している会社からも、特定の「クラッシャー上司」の相談を持ちかけられることが増えたし、ビジネスパーソン相手の講演でこの問題を取り上げると、聴衆が非常に真剣に話を聞いてくれる。それだけ多くの職場で問題になっているのである。

では、「クラッシャー上司」とは、どんな人間のことを指すのか。

いくつかの角度から説明可能だが、ごくわかりやすい定義としては、次の一文で言い表すことができる。

《部下を精神的に潰しながら、どんどん出世していく人》

「クラッシャー上司」は、基本的に能力があって、仕事ができる。しかし、部下をときには奴隷のように扱い、失敗するとネチネチ責め続け、結果的に潰していく。

部下は心を病んで脱落していくが、「クラッシャー上司」自身の業績は社内でもトップクラスであることがほとんどだ。だから、会社が問題性に気づいてもその者を処分することができない。次々と部下を潰しながら、どんどん出世してしまう。

そんな「クラッシャー上司」はどの程度の規模で存在するのか。きちんと調査した統計はないし、業界や職場によってその程度は違う。

ただ、多くの会社、組織のメンタルヘルスを見てきた者の経験知として、一部上場企業の役員のうち数人は「クラッシャー上司」がいる、と言うことはできるだろう。

人事の方々と話をしてみても、おおよそその程度には存在している。中小のワンマン企業の場合は、経営者自身がクラッシャーであることも少なくない。そして、そのうちの少なからずが、いわゆるブラック企業に相当する会社だろう。

いったい彼らは何者なのか、そして、どう対処したらいいのか。

本書は、まず第一章で、クラッシャー上司の実態と、彼がいる職場の実情を紹介していく。三つの事例を取り上げてみたい。

どのクラッシャー上司も《部下を精神的に潰しながら、どんどん出世していく人》たちなのだが、潰し方や、問題性の種類がそれぞれ違う。

また、クラッシャーのターゲットとなる部下のタイプもいくつかある。誰某《だれそれ》かまわず潰しにかかるのではなく、やはり被害に遭いやすい人がいるのだ。この章では、被害者目線を基本として、クラッシャーの諸要素を見ていく。

第二章では、なぜクラッシャー上司はそんなことをしてしまうのか、その精神構造を覗いていく。

多くの場合、クラッシャーの問題性は、幼少の頃からの育てられ方に起因する。さまざまなケースを見てきた私の中で、もっとも強烈な印象のあるクラッシャー上司の半生をたどりながら、彼の歪《ゆが》みを説明する。

その途中、「未熟」というキーワードが出てくるので、未熟型うつ（新型うつ）の精神構造も明かしていこう。

第三章は、このようなクラッシャー上司を生んでしまう組織の構造について考えてみる。クラッシャー上司は日本特有の現象でもあるという視点から、日本社会の中に潜む病理性も見つめていく。

この章で扱う問題をより深く考えるにあたり、山田太一脚本の名作ドラマ『岸辺のアルバム』からヒントを得たのは大きかった。放送から四十年ぶりにＤＶＤで観直したが、現代でも十分に通用する問題意識が込められた作品で驚いた。

その他、日本型雇用の問題についても言及している。労働問題の門外漢が思うままを述べている無礼について、お許しいただきたい。

そして、第四章で、クラッシャー上司対策を講じる。

もし、あなたの職場や会社でクラッシャー上司が暴れていたらどうすればいいか。会社側が中長期的に取るべき態度と、今もなおクラッシャー上司の被害を受けている職場の人々が緊急的になにをすることができるのか。後者については、できるだけ具体的に使える「戦術」を紹介する。

さらに、ストレスフルな職場で辛い思いをしている人に向けて、ストレス不全に陥らず、健やかに働くための即効性のある処方箋を出してみる。


クラッシャー上司の諸問題は、日本に特徴的なものである。

「働き方改革」が叫ばれ、日本社会が大きく変わろうとしている今、これまで見逃されてきたハラスメントが可視化されてきたのだともいえる。

問題上司に悩まされている会社員の方はもちろん、管理職の方、経営者も、この問題の深層を知ってほしい。

そして、クラッシャー上司を正しく裁ける、組織作り、社風作りに取り掛かっていただきたい。本書を通じて、この国で働くことの意味を今いちど考えてもらえたなら、著者としてそれに勝る喜びはない。

クラッシャー上司　目次

第二章 クラッシャーの精神構造
——未熟なデキるやつ

第三章　クラッシャーを生む日本の会社
――滅私奉公の時代の終わり

事例5　家庭も壊したケース　133

第四章 クラッシャー対策——その暴力から身を守るために

第一章

いったい彼らは何者か

――クラッシャー上司の実態

クラッシャー上司は、自分の部下を潰して出世していく。

そういう働き方、生き方に疑問を持たないどころか、自分のやっていることは善であるという確信すら抱いている者たちである。

そして、潰れていく部下に対する罪悪感がない。精神的に参っている相手の気持ちがわからない。他人に共感することができない。

自分は善であるという確信。

他人への共感性の欠如。

この二つのポイントは、どんなクラッシャー上司にも見て取れる特徴だ。

とはいえ、それらの程度には濃淡があり、部下の潰し方も同じではない。抽象的な説明を続けてもイメージがわきにくいので、さっそく事例を紹介していこう。

この章では、代表的なパターンといえる三つのケースを挙げてみる。

事例1　つきっきりの指導

まずは、「自分は善である」という確信が強くまったく悪意はないのだが、共感性の低い上司のもとで働いた結果、メンタル不全に陥った若い女性社員の話だ。

以下、事例1として、紹介する。

会社は、高品質の製品を作る優良企業として業界で認められている、BtoBの機械メーカー。決してブラック企業のように若い社員を大量採用しては大量退職させていく、乱暴な会社ではない。むしろ社員教育に熱心な家族主義の会社とされている、評判のいいメーカーである。

ところが、そうした会社にもクラッシャー上司が存在し、潰されていく優秀な若手社員が実在するのだ。

問題上司をクラッシャーA、部下を被害者Fと仮に呼ぶ。被害者Fがバーンアウトして働けなくなったのは二十五歳で、そのときクラッシャーAは四十五歳。

Fは、国立大学の工学部から大学院に進み、優秀な成績で修士課程を修了、第一志望でその機械メーカーに就職した女性だ。大学と院で機械設計を学び、入社後も希望通りの設計部門に配属された。

性格はとても真面目で、自分自身への要求水準が高く、レベル一〇〇の課題が出たらレベル二〇〇を目指さないと気が済まないタイプ。大学や院でも、毎晩遅くまで居残りして実験研究に励んでいた。

研究室での評価は高く、就職は教授推薦ですんなり決まった。教授のお墨付きであり、かつ、仕事のやる気にも満ち溢れていたから、会社は期待して採用した。

実際、入社後もFは極めて勤勉だった。上司の要求以上の努力をし、かなり速いスピードで業務を覚えていった。飲み会などでもよく気遣いができ、店の手配から先輩へのお酌までパーフェクト。当然、職場では評判のいい新人だった。

そして入社二年目。

直属上司で課長のAは、少々厄介なクライアントが要求してきたかなり難しい案件を、「期待をこめて」Fに任せた。Aは、「お前ならやれるはず」「困ったらいつでも聞きに来い」「俺もこうやってキツメの仕事でしごかれてここまで来た」と指導した。課長の期待に応えるべく、Fはそれまで以上に全力で働いた。

案件の進行がチェックされる、中間審査の時期が来た。自ら望んで残業をし、製品設計に励んできたFは、満を持してプレゼンを行った。

ところが、クライアントから完全なダメ出しを受けてしまった。クライアントは、「根本からなっていない」「そもそもこの基本設計は仕様書と違う」と言う。

調べてみると、実は、クライアント側の担当者がその年度から別の者となっており、前任者との引継ぎが上手くなされておらず、変更した基本設計部分が仕様書に反映されていなかったことがわかった。その事実を説明しても、クライアントは納得せず、ほぼゼロからの見直しを要求した。

Fは、課長Aに状況を報告、対処の仕方を相談した。Aは、「向こうも悪いが、お前も悪い」と言った。Fは、クライアント側の引き継ぎ問題で理不尽な目に遭っている辛さを共有したかったが、Aからは「俺もそんな話は聞いていなかった」「基本中の基本ができていないのだから、何を言われても致し方ない」と突き放された。

納期は同じで、設計を全面的にやり直すよう、Aに命じられただけだった。

「上司にも迷惑をかけて申し訳ない」

その翌日からのFは、連日、深夜までの残業で、土日も自宅でフルに働いた。そうしなければ、とても納期には間に合わなかった。

Aも心配し、声をかけてくれた。だが、それ以上に、「納期変更は絶対に認めない」「あのクライアントの信頼を失ったら大変なことになる」「これまでうちが築き上げてきた信頼が失墜するんだぞ！」という叱咤《しった》のほうが多かった。

疲弊したFの仕事の手が止まると、Aは「お前の能力に期待して任せたのに……」と溜息をつき、「やっぱり無理かー」と天を仰いだ。

AはFの残業につき合い、よく支援してくれるものの、その態度が厳しく、過剰なほどだったという。

CAD画面の前で、AはFにほぼつきっきり。ちょっとでもミスをすると、すぐさま叱責の声が耳に飛び込んでくる。朝六時から夜二時頃まで、ずっと一緒。昼食と夕食も共にとり、トイレはAが行くタイミングに合わせて自分も済ませるという、まったく自由のない環境で、約二週間のハードワークを続けた。

その時期の自分について、Fはこう述懐する。

「そもそも私の失敗なので致し方ないことです。上司にも迷惑をかけて申し訳ない。とにかく頑張るしかありませんでした」

「つきっきりで指導してくれたのは有り難いことなんですが、あのときはまったく自分自身というものがなかったと思います」

「食事も喉《のど》が通らないほどなのに、上司がラーメンと言えばつき合うし、トンカツと言えばトンカツ屋さんに行きました」
「食べられないでいると、無理してでも食わないと持たないぞ、と言われて食べました。そして、上司にわからないようトイレで吐いていました」

身体が動かない

Fの体重は二週間で四キロ減少。深夜三時頃に帰宅して、風呂に入る気力もなくそのままベッドに倒れ、三時間弱うとうとしては、朝にシャワーを浴び、なんとか化粧をして、会社に駆けつける生活だったという。

そして、再度のプレゼンの日が来た。

クライアントは、設計案の方向性を認めた上で、数多くのやり直し部分を指摘した。納期に関してはクライアント側から変更を提案してきたが、Fは「納期は変えず、絶対に仕上げます」と宣言。引き続き、徹夜の日々となった。

その一週間後、設計部門の職場からFの姿が消えた。

朝、定刻を過ぎても出社しない。昼を過ぎても連絡すらない。課長のAが電話をしても、留守電の自動音声が流れるのみ。夕方近くになってようやく本人から電話があり、「体調不良のため行けそうにないが、家で仕事をしている。明日は行く」との旨。

しかし、Fは翌日以降も出社できなかった。電話連絡すらない状態が二週間続き、結局、設計業務は上司のAが行い、当月末の納期に間に合わせた。クライアントのOKが出て、一段落した後、Aが総務にFの状況を説明した。

総務担当の女性がFのアパートを訪問。中にいるようだが、応答がない。数時間おいてインターホンを鳴らしたところ、Fが戸口に出てきた。

見るからに憔悴《しょうすい》していた。化粧っ気がないどころか、髪はフケだらけ、表情がなく、目もうつろだった。

まずいと思った総務担当が、Fを説得、当日中に精神科産業医との面談をアレンジした。

「会社には行きたくない」とFが拒むので、産業医は自宅近くの喫茶店に出向き、面談を実施した。Fは、うつむいて「申し訳ない、申し訳ない」と涙を流しながら繰り返すばかりだった。産業医が支持的に受け止めていると徐々に話をし始めた。

「すべて私の力のなさです」

「会社に行こうと思って朝起きるけれど、身体が動きません」

「シャワーを浴びる気力もなく、食事も喉を通らないんです」

「毎朝、ベッドに座ったまま、ぼーっとしていて、気づくと夕方になっています」

そんなFを、産業医は「うつ状態」と診断。近隣の精神科クリニックを紹介し、一カ月の自宅療養を勧めた。その旨を総務担当が、上司Aに報告した。

報告を受けたAは、こう言ったそうだ。

「期待して仕事を任せたのに、やっぱり最近の若いのはダメだなあ」

「うちには戻さなくていいから、他のできるヤツを回すよう部長に言ってよ」

「さあ次だ！　次だ！」

Fのメンタル不全について、Aはまるで意に介していないようだった。

悪意はないが、鈍感

さて、この事例1の問題の本質は何か。

もちろん、仕事の過重性がFのメンタル不全の原因なのだが、そこまで彼女を追い詰めてしまったのは上司Aのマネジメント能力不足である。

Aは、悪意を持ったクラッシャーではない。やる気のある優秀な部下の成長を期待して、仕事を任せ、その支援にも熱心だ。クライアントの理不尽な要求に負けまいと頑張る部下の残業に自分もつき合い、叱咤激励している。

しかし、そうされる側の部下が、どれだけ辛い思いでいるか、その部分の共感性がかなり低いのだ。言い換えれば、他者の痛みに鈍感なのである。なぜ鈍感なのか。それは、自分のやり方は正しく、こうして部下を鍛えている自分の言動は善である、という確信に揺らぎがないためである。

この「鈍感」は、クラッシャー上司を生む社会について考える上で極めて重要なキーワードであり、第三章にて詳しく論じたい。ここでは、ごく普通に、「呆れた鈍感上司だ」と思っていただければいい。

そう、Aは、鈍感でマネジメントが下手なのだ。優秀な部下に大きな仕事の裁量を与えたところまではいいのだが、その結果、部下の時間的裁量を奪ってしまった。つきっきりの支援で、食事の自由も、トイレに行く自由までも奪い取ってしまう。そんな環境下に置かれた部下のストレスは、当然、相当なものなのだが、そこに気づいていない。

食欲の落ちた部下に、「無理してでも食わないと持たないぞ」と言ったのはAの善意だ。無理してでもトンカツを食べ、エネルギーを充塡《じゅうてん》して、難局を乗り切る。A自身、若い時分にそうして仕事を覚えていったのだろう。

そういう成功体験があるから、メンタル不全で自宅療養となったFに対して、「やっぱり最近の若いのはダメだなあ」と言ってしまう。実に残酷なもの言いなのだが、Aに良心の呵《か》責《しゃく》はまったくない。さほどに成功体験に根ざした鈍感性が強いのである。

Fの性格

Fが「難しい案件」に取り組んでからバーンアウトするまで、約二カ月間、尋常ではない激務が続いていた。のちのヒアリングで判明したことだが、クライアントからダメ出しを受けた「中間審査」まで、FはA4で二〇〇枚以上の資料を何度も作り直していた。

Aは、「お前ならやれるはず」「困ったらいつでも聞きに来い」「俺もこうやってキツメの仕事でしごかれてここまで来た」とFに仕事を任せた。Fは猛烈に働いて、プレゼン資料を完成させ、上司のAにチェックを頼んでいた。

だが、Aはぶ厚い資料の束をパラパラとめくり、一ページでもひっかかるところがあると、「ダメ」の一言で資料を机に放り投げたという。「ここから後ろは読む必要がない。やり直し」と、どこがどうダメなのか説明することもなく、いわば門前払い。それを「中間審査」まで三回繰り返していた。

つまり、Ｆにとっては、「中間審査」の前段階で、すでに三回のダメ出しを食らっており、その上でクライアントから理不尽なやり直し要求を言い渡されたのである。ここで心が折れていてもおかしくない状態だったのだ。

ところが、もともと真面目な性格のＦは頑張ってしまった。クライアント側の引き継ぎ不足の問題を、入社二年目で予測できるわけもないのに、「そもそも私の失敗なので致し方ないことです。上司にも迷惑をかけて申し訳ない。とにかく頑張るしかありませんでした」と彼女は思ってしまったのである。

その結果、Ｆは「うつ状態」と診断されたのだが、それは典型的なうつ病、メランコリー親和型[注1]の性格に起因するうつ病である。つまり、本人の過剰な真面目さが、困難な状況のあれこれをすべて自分の責任だと認知させ、精神的な限界を超えさせてしまううつ病である。

最近の若者のうつは他責的な「新型うつ病」（筆者は「未熟型うつ」と称する。その理由は後述する）ばかりだとのイメージもあるが、精神科産業医として多くの職場のメンタルヘルスをみてきた私の印象はまったく逆だ。

今の若者だって、うつになるのは自責的な従来型のうつ病のほうがずっと多い。Ｆのような根っからの真面目人間が行き詰まりやすいのだ。

先に、「Aは、悪意を持ったクラッシャーではない」と書いた。基本的にはそうで、AはFに対し、一人前に育ててあげようという前向きの善意で接していた。だが、なぜFに対してとりわけ厳しかったのかといえば、それは彼女があまりにも素直に受け入れすぎたからだろう。

悪人ではなくトンチンカン

もし、Fが優秀だけれどもそこまで真面目ではなく、上司の酷な要求に「嫌です。無理です」と抵抗できる部下であれば、Aは「気づけた」のだろう。Aは鈍感なのだ。

しかし、Aは他者の痛みがまったくわからない共感性ゼロの「悪人」かというと、そうでもない。

Fの休職中、彼女と面談した産業医は「あいつ大丈夫ですかね？」と幾度も様子を尋ねられたという。自分から産業医に電話をかけて、「どういうことだったんですかね？」と説明

（注1）ドイツの精神病理学者テレンバッハにより提唱されたうつ病になりやすいとされる性格のことである。秩序志向性があり、几帳面で何事においても完全主義で責任感も強く、対他的配慮が行き届いている。

を求めることもあった。人間としての元部下を心配する気持ちは持ち合わせているのだ。

なのに、仕事上は「さあ次だ！　次だ！」と平気で言ってのける、まるで別人格、悪い意味での鈍感力を発揮する。自分の部下、つまり「身内」に対しては、仕事における「共感性」をほとんどなくしていると言ってもいい。このような、特に「身内」に対する共感性が見えなくなる構造は、実は日本特有の「甘え」の構造なのだ。このことについては第三章で詳しく述べる。

仕事を離れたところでは人並みの共感性を見せる。だが、仕事となるとそこが欠如する。部下の気持ちがどうか、その想像力が停止してしまい、目の前の仕事のことしか見えなくなる。傍《はた》からしたら、実にトンチンカンなのだ。

違うタイプの部下

事例1の後日談を付記しておく。

被害者Fは、一カ月の療養ではまったく気力が回復しなかった。産業医とは一カ月に一回ずつ面談し、意欲の回復を指標に復職の可否判定を実施していった。結局、三カ月の休職となり、四カ月目からリハビリ勤務を開始した。

一般的に、復職は元職への復帰が原則である。しかし、この事例においては、本人の上司への恐怖感が消退せず、産業医面談で会社に来るだけでも震えと動悸《どうき》が止まらない程だったので、Fと課長Aを物理的に遠ざけるために、やむを得ず事務部門でのリハビリ勤務となった。

そして、Fは約三カ月の段階的職場復帰を経て、その後は事務部門に正式に異動となり、今では元気に勤務している。

しかしながら、その働き方は従来とまったく変わらず、仕事を抱え込みがちで、残業指示もないのに自ら長時間労働に突入するなどしている。産業医は、その点を現在の上司に十分に説明し、残業は上司にお伺いを立ててその都度許可を得なくてはならない、という点を確認して労務管理をしている。

課長のクラッシャーAはどうなったか。

Aは、同じ部署で相変わらずのモーレツぶりを発揮している。ただ、Fに替わって新しく入ってきた部下の帰国子女との関係が意外なことになっている。

帰国子女の部下は、クラッシャー上司のモーレツぶりを意に介さず、自己主張する部分はキチンと主張するタイプなのだ。結果、Aのもとで、大変上手く業務をこなしているとのことである。

一方、Aは、暖簾《のれん》に腕押しの部下の扱いに困り果てている。その部下がするべき分の業務を自分ですべて被って、自らが過重労働に陥っている。溜まっていくストレスをAはどうしていくのか。今後の経過を見守っていきたい。

事例2 表情ひとつ変えない雪隠づめ

次の事例2に行こう。

クラッシャーAは、自分の言動が善であるという強い確信があって、他者への共感性が低いタイプの上司だった。その部下のFが真面目すぎて抵抗しないタイプだったから、余計にAのプレッシャーが強まり、メンタル不全になるまで彼女を追いこんでしまった。そのような双方向性が原因だった。

それと比して、四十八歳のクラッシャーBは、他者への共感性がないに等しい。

仕事はできるのだが、完璧主義という以上の拘《こだわ》りがあって、それを善だと思って疑わず、部下にも強要し、やはりメンタル不全に追いやってしまうタイプだ。

一見、Aと似ているのだが、上司としてどちらが厄介かといえばBのほうだろう。Bの下に配属された社員のほとんどは、モラール（士気）を喪失すると社内で噂されていた。それまでの仕事のやる気が奪われてしまうのだ。

クラッシャーBに潰された部下はたくさんいるが、ここでは明るく元気いっぱいな入社三年目社員がやられた例を取り上げる。

被害者Gは、MARCH（明治大学、青山学院大学、立教大学、中央大学、法政大学）クラスの私大文系学部の出身で、応援団に所属していた体育会系の二十六歳の男性だ。明朗快活で根性もある。そこが評価され、就職人気も高い生活用品メーカーに入社した。

入社一年目から営業職で頭角をあらわした有望株。地方の支社勤務を経験し、二年目の春に本社の営業部に配属となった。それまでなかなか数字の上がらなかった得意先にも、積極果敢に食い込み、いい結果を出して、配属そうそう職場の若手ヒーローになった。

営業部の部長もGに目をつけ、会社でもっとも力を入れている商品を扱う営業2課の戦力として、彼を使うことにした。

その営業2課の課長がクラッシャーB。たくさんの部下を潰してきた人間であることは部長もよくわかっていたが、GならBの下でも持てる力を発揮し、ギスギスしている営業2課の空気を換えるのではないか、と賭けてみたそうだ。

皆の前での「指導」

課長のBも、評判のGを戦力として欲しがっていた。

直属の上司となったBは、さっそくGに難攻不落と言われる得意先を担当させた。パワーのある競争相手が多く、かつビジネスとして大口なので、代々経験豊かな中堅のできる社員が担当してきた得意先である。

いくら若手ヒーローだからとはいえ、ハードルが高い。係長は「まだGには無理ですよ」「持たせるなら他を経験させてからにしませんか」と意見したが、課長Bは「彼にやらせたい」「俺の中では成功が見えている」と譲らなかった。

Gは楽観的な性格の持ち主であり、周囲の心配を気にするでもなく、「やりますよ。ハードルが高いほど自分は燃える人間っすから」と目を輝かせていた。そして、担当となって数カ月で、本当にハードルを飛び越え始めた。元気で明るく粘り強い営業を繰り返し、クライアント側の担当者のお気に入りになったのだ。

売り上げの数字もどんどん上がり、順風満帆。Gの評判はますます上昇し、この配属を考えた営業部長もまんざらではない様子だった。課長のBは黙ってその様子を見ていた。

ところが、である。しばらくして、順調だった受注がいきなり減り始めたのである。

理由は明白だった。年度替わりでクライアント側の担当者が替わり、これまでのGの営業方法が通用しなくなったのだ。新しい担当者は、情ではなくクールなビジネスを好むタイプだった。

受注が減り、スランプ気味になったGは、他の得意先でも持ち前の営業力をうまく発揮できなくなり、少し落ち込んでいた。とはいえ、Gの売り上げのトータルは三年目の営業マンとしては十分に立派なものだった。

だが、それまでGを自由にさせていた課長Bが、課内の定例ミーティング中、いきなり皆の前で彼に「指導」をした。

やりとりを再現すると、こんな調子であった。

B　なぜ△△店の数字が落ちている?

G　担当が替わって、これまでのやり方が通じないんです。

B　どの部分がどう違うのか、今ここで具体的に説明して。

Ｇ　……ディスプレイの改善提案を持ってこいと言うんですが、それは基本的に先方の問題だと思うんです。
Ｂ　違うな。先方がそう言えば、その通りにするのが営業だ。
Ｇ　は、はい。わかりました。
Ｂ　わかって何をどうするんだ？
Ｇ　そのように考えるよう、自分を変えます。
Ｂ　だから、どこをどう変えるんだ？　漠然とした言い方ではなく具体的に。
Ｇ　ディスプレイの改善提案を持って行きます。
Ｂ　だ、か、ら、ディスプレイのどこをどう変更するのか、聞いているんだよ。
Ｇ　それは……。現時点では、まだアイディアがないので、時間を下さい。
Ｂ　改善提案を要求されてから、もう十分に時間が経っている。なのにアイディアがない。だから、ここで考えようと言っている。今日こうやって全員集まっているんだから、皆に考えてもらって、アイディアをひねり出せばいいじゃないか。
Ｇ　わかりました。でも、ディスプレイの見取り図もないですし、資料もないので……。
Ｂ　そのホワイトボードに見取り図を描いてみればいいじゃないか。

G　わかりました。（見取り図をざっくり記入）
B　で、何？　だから、どこをどう変更するんだよ？
G　いや、たぶん……ここを……。
B　そんな大きな丸じゃわからんよ。どこ？　どこ？　どこ？　ここ⁇
G　課長、やはり準備しないと上手く説明もできないので今日は……。
B　一人で考えてアイディアが出ないから、こうして集まっている。何度も言わせるな。
G　はい、しかし、皆さんに迷惑がかかりますし……。
B　じゃあ、周りの助けは要らないってことか。皆の善意は必要ありません、と？
G　はい、とてもよくわかりますが……すみません、今は難しいです……。
B　とてもよくわかったとか難しいとかはどうでもよくて、ディスプレイのどこを変更すればいいのか、今、君の頭の中にあるものを出せばいい。ほら、早く、出して、ほら。
G　……今……それは……申し訳ございません……。

その後も、課長Bの「申し訳ございませんとか謝罪なんかはどうでもよくて」という言葉が続くのだが、再現はもういいだろう。

休む間を与えない

この日の会議では、ついこないだまで職場のヒーローだったGが、男泣きした。ポロポロと涙を落とすGに向かってBは、「そうすることが、皆の善意と貴重な時間をどれだけ奪っているか。だから、いいから早くディスプレイの……」と急《せ》き立てた。容赦がなかった。

部下を雪隠《せっちん》づめにするとき、課長Bは決して声を荒らげたりしない。同じトーンで、矢継ぎ早に、次から次へと言葉を繰り出す。表情ひとつ変えず、三十分でも一時間でも質問と要求を投げ続ける。

こうした雪隠づめ一発でメンタルの調子を壊した部下もこれまで複数いた。が、学生時代に応援団だったGは、これこそ自分を鍛えてくれるハードルに他ならないと、懸命に自分を鼓舞し、問題解決に取り組んだ。

そして、翌週の課内ミーティングで練りに練った改善提案を呈示した。たいへんよく計算された内容で、今度は課長Bも黙っていた。先輩営業マンたちから幾つかのアドバイスを受け、Gはさらに改善提案の完成度を上げた。

それをクライアントに提案すると、先方の感触もよく、見事に自社新商品の陳列スペースを確保することとなった。翌週の課内ミーティングで、課長は全員に向けてこう言った。

「今、Gから報告があったように、ようやく△△店の陳列スペースを確保できた。次はいまだに攻略できていない▼▼店の対策だ。Gは、来週までに提案書を作ること。それを元に皆で検討しよう。さあ、次だ」

係長が、「課長、今回は大きな仕事も取れましたし、今夜、慰労会やりませんか？」と待ったをかけたが、Bの勢いは止まらない。

「慰労会？　そんな暇がどこにある？　次は▼▼店だ。ほら、G。ぼーっとしていないで、あの店の数字が上がらないのはどうしてか、キミはどう思っている？」

あまりの性急さに、ミーティングの場にいた2課の全員があっけにとられたが、Bに異を唱えることは誰もできなかった。

感情の爆発

次の提案書作成を命じられたGは、「ここが勝負だ、ここが勝負だ」と自分に言い聞かせながら、▼▼店の攻略に挑んだ。職場の誰それ構わず頭を下げて情報収集に勤しみ、寝る間も惜しんで対策をひねり出した。

また翌週の課内ミーティングで、Gは新規の提案を示した。だが、Bは「話にならないね」とダメ出し。ここで心の底に圧《お》しこんでいたGの感情が爆発した。

「どこがそんなにダメなんですかー!」とBに摑みかかろうとした。

課の他のメンバーたちが、慌てて若い彼を取り押さえた。Gの興奮が鎮まると、「俺たちも協力するから」と係長を中心に、2課の先輩たちが彼を励ました。

その間、ずっと無表情で混乱を眺めていたBが、「では、これで会議は終わりにするが」と立ち上がった。そして、苦笑しつつこう言った。

「しょうがないな。私も手伝いますか、▼▼店攻略のために」

課長BがGのパソコンの横に自分の椅子を移動させ、彼の仕事に張り付いたのはその夜からだった。終業時間も終電時間も関係なく、Gにマンツーマンの特訓を始めた。

課長は、まず、パソコンのキータッチの指の配置から指導。パワーポイントの作成では、フォントの大きさの修正から背景の色味の調整に至るまでアドバイス。もちろん文章は、「てにをは」レベルまで厳しくチェック。一ページあたりの文字数の最大値を決め、一文字でもオーバーすると、「クライアントが飽きてしまうぞ」と全文を書き直させた。

このときのことを、Gはこう振り返る。

「とても窮屈で息が詰まる、異常な指導だと感じました」

「でも、課長も一生懸命なので、まさかそんなことは言えませんでした」

そんな日が十日間も続いたが、▼▼店の訪問直前になると、まる二日間、睡眠ゼロで提案書作成の追い込みをした。Gはくたくたに疲れて集中力もなくなっていたが、課長のBは何かに取り憑かれたような目をして作業を続け、最後の何時間かはGからパソコンのキーボードを奪い取って、自分で提案書の校正をしていた。

▼▼店へのプレゼンは、成功。「では、そちらの新製品の販促に、我々も力を入れてみましょう」と先方の担当者から言われたとき、Gは嬉しさよりも、安堵の気持ちで全身から力が抜けたという。

ところが、会社で待っていた課長のBは、Gから吉報を受けると同時に、目をギラつかせてこう宣言した。

「ようやく▼▼店がこっちを向いた。しばらくは現状キープでいい。そのぶんの余力で次に行こう。うちがロクに相手にすらされていない■■店を口説き落とす。いいな、ゼロからの新規開拓のつもりで■■店攻めだ。この流れに乗れなければ何の意味もない。まずは、来週のミーティングまでに提案書の叩き台づくりだ！」

精神的限界

このような調子で半年が過ぎた。営業2課の業績は快調で、課長のBは会社から表彰もされ、その仕事ぶりがさらに勢いづいていった。

元気で明るく粘り強い青年であるGの顔から、精気が消えていったのはこの頃である。まわりと世間話をしなくなり、意味の聞き取りづらい独り言をぶつぶつ言うようになった。仕事上の単純ミスもやたらに多い。

本社裏の倉庫で係長が「ここなら話せる。いったいどうしたんだ？」と声をかけると、堰《せき》を切ったように彼の口から言葉が溢れ出てきたそうだ。

「出社が辛いんです。布団からなかなか出られない。背中がパンパンに張って板みたいになっているんです」

「仕事は、もちろん、やりがいに満ちています。係長にはお気遣いいただいていますが、課長も大変よく指導してくれています。私は恵まれた環境で働けています」

「でも、ふと、へんなことを考えてしまいます。私は実は力がないんじゃないか、と。係長にはどう見えていますか？　私は成長できているのでしょうか？　役に立っているんでしょうか？」

「課長の手足になっているだけではないか。最近、特によくそう考えます。被害妄想だとわかっていますが、課長は私を使って、数字を上げたいだけなのでは？」

「思考がおかしくなってきているのだと思います。自分がだんだん擦《す》り切れてきた感じがするんです。擦り切れて、糸くずばかりが増えてきて……」

その二日後、Gはいきなり辞表を提出、退職した。係長には、

「もっと自分自身を活かせるところに転職します」

「結局、甘えなんでしょうけど、課長は私を一回も褒めてくれませんでした」

と言い残して、会社を去って行った。

人を褒めることができない

この事例では、被害者Gがもともとタフな若者だったこともあり、幸いメンタル不全に陥ることなく、その寸前で自ら仕事の環境を変えることができた。転職先はすぐに見つかり、また営業マンとして活き活き働いているという。

だが、平均的な精神力の持ち主だったら、潰されていてもおかしくない。現に、課長Bの下で働いていた若者の少なくとも三人以上が、精神を患ったと聞いている。

まず、このBに、上司として決定的に欠けているのは、部下の頑張りや成果を認め、評価して「褒める」力だ。

Gは、「課長は私を一回も褒めてくれませんでした」と言い残して会社を去った。彼が一番言いたかったことは、この一行に集約されている。課長Bは、人を褒めるという行為ができない。マイナス部分の指摘ばかりで、他者のプラス部分を見ないのだ。

多くの人は、仕事で褒められ評価されたいという「承認欲求」があることで、やるべきことを頑張ることができる。だから、職場の上司の仕事のうちとても重要なのは、部下の承認欲求を満たす上手な「褒め方」なのである。

実は「褒める」ことも、部下の「成功して嬉しい」という気持ちに「共感」することなのだ。つまり、この課長Bにも「共感」する力が欠けていた、ということなのである。

具体的には、次の4ステップで褒めて育てることが基本形だ。

1　成功までの努力の「経過そのもの」を褒める

2　成功した結果を「論理的に評価して」褒める
3　成功を共に喜び、共感する
4　次の成功への期待を表明して課題を呈示する

なんだ、その程度の話かと感じるかもしれないが、多くの職場で行われているのは4ステップのうちの、せいぜい2と4だけである。

たとえば、出した結果を分析して褒め、次の数値目標を示して終わり。中途半端に、2と4を行って、「部下のことはちゃんと見て指導している」と思う上司が大半だ。

これでは、人の承認欲求は満たされない。実は「褒める」ためのスキルが必要である。頑張ったぶんだけ見返りがあると実感させる、右の4ステップで褒めてはじめて、部下の「やればできる感」は醸成される。

課長Bの場合は、1から3まですべて飛ばして、4の「次の成功への期待を表明して課題を呈示する」のうち、「成功を期待する」という態度もないまま高い課題ばかりを呈示していた。それでは部下の成長が見込めないばかりか、ワークモチベーションがすりへってしまう。「努力」に対する「報酬」が見合わない状態（努力報酬不均衡）に陥っていく。

部下を認める4ステップ

本来なら、部下Gが△△店の陳列スペース確保に成功した段階で、上司は彼にこう言ってやればよかったのだ。

・ステップ1：成功までの努力の「経過そのもの」を褒める

「よくやったな！　俺はお前の地道な努力を見てたよ、あれだけやれば、万が一契約が取れなくてもアイツは多くを学ぶだろうなあ、と見ていたよ。あの根性は立派だよ」

←

・ステップ2：成功した結果を「論理的に評価して」褒める

「で、今回成功したよな。あれは、仕切り値の問題じゃないんだな。お前が他社新商品の情報をいち早くつかんで、トレンドをクライアントに示しただろ。それでうちの新商品の強みのうち、トレンド部分だけをピンポイントでアピールした。お前のあのプレゼンが効いたのだと思う。よく分析したよ、偉い。成長したな！」

←

・ステップ3：成功を共に喜び、共感する

「俺は、今回契約が取れたこともちろん嬉しいが、しかしそれ以上にお前が成長したことが、とっても嬉しいんだ。ほんとに良かったよなあ、嬉しいよ！」

↓

・ステップ4：次の成功への期待を表明して課題を呈示する

「次の▼▼店の戦略を練ろうぜ。あそこはこれまでの戦略は通じないんだ。俺はかつてあそこで大失敗したことがあるんだよ。でもお前ならイケるはず。次に向けて、今夜は飲んで羽を伸ばそう！」

どうだろう。「褒め方」には、スキルが要るのだ。

褒め過ぎということはない。こうして彼が努力した分の「報酬」を金銭だけではなく、「やりがい」という点でしっかり与えれば、人はハードルが高く、プレッシャーの強い仕事でもそう簡単に潰れない。努力が報われるなら、人はストレスにタフになる。

逆に、若手だけでなく、あらゆる年代の働き手で心を病む人が増えているのは、一所懸命に努力をしてもいいことがないし、いいことを期待しにくいご時世だからである。昇給や臨時ボーナスが出ないというのもそう。残業が減らないのもそう。そして何より、数字がすべてといった価値観が広がっていることに問題がある。

人は「仕事で評価される」「承認される」という「報酬」を得ることで、持続的にハイパフォーマンスを発揮できるようになるのだ。

うっぷん晴らし？

この事例とは別の会社の話だが、「モラハラ」（モラル・ハラスメント、精神的暴力）の事例を紹介しよう。ある真面目で優秀な若手営業マンが三カ月、クライアントのもとに通い詰めた。ところがコンペで負けて、同業他社に契約を持っていかれてしまった。その営業マンは、「すみません」と直属上司に謝った。「すべて私の不徳の致すところ、実力不足です。申し訳ございません」と。

ところが優秀な営業マンである彼は、次のようにつけ加えた。

「私はあのクライアントに毎日叩かれながら、仕様書を変更し、仕切り値を全部交渉して、いろんな部署と連携しながら、大変な努力をしました。結局落とせなかったのは、私の責任です。でもこんなことは言えた義理じゃないんですが、この三カ月間、たくさん学ばせていただきました」

彼は、契約を取れなかったという事実を受け入れると同時に、それでも自分は成長できた、と認知（ものの見方・考え方）を柔軟にして、自らささやかな自分への報酬を確保しようと試みたのである。

なのに、その話に対して直属上司はこう言った。

「うるさい。結果がすべてだ」と。「お前が成長したかどうかは関係ないんだよ」と。

結果、真面目で優秀な若手営業マンは、病んでしまった。直属上司のハラスメントで、やる気を喪失し、ぎりぎり保っていた自尊心も壊されたのである。

なぜ、直属上司は、「わかった。今回は仕方ないな。でも、成長した分、次に期待するぞ」と言ってやれなかったのか。わざわざ部下のやる気を失わせるような、暴言を吐くのか。

余裕がないのだと思う。余裕のなさが、部下が失敗して落ち込んでいることへの「共感」を失わせたのだ。その直属上司も、さらに上から「結果がすべてだ」と、毎日のように聞かされていた。社内全体がいつも結果を出すことを迫られて、息苦しい空気になってしまっているのだ。だから、よっぽど自覚的でないと、人のやる気を壊すような、八つ当たりとも取れる攻撃的な言葉を相手にぶつけてしまう。

ただ、事例2の課長Bの攻撃性は尋常ではない。課内ミーティングでの部下Gに対する雪隠づめを思い出していただきたい。あれは、職場の権力を利用した嫌がらせであるパワハラよりタチが悪いモラハラ、精神的暴力の極みである。

その場で罵倒したり、手をあげたりといったパワハラにはどこか隙があるものだが、BのモラハラからＢは逃げようがない。じりじり、ねちねち相手を追い込み、逃れる術《すべ》を奪っていく。相手が戸惑い、脅える状況を見て、余計に攻撃性を加速させるところがある。陰湿ないじめに似た、うっぷん晴らし的な、ある種のサディズムを思わせる。

異常な拘り

また、課長Bの場合は、その特性として「完璧主義以上の拘り《こだわ》」があった。マンツーマンの特訓を始めた際の指導の異常な細かさ。パソコンのキータッチの指の配置、パワーポイントのフォントの大きさや背景色までうるさく言っている。そして成果が出ると、すぐに次の成果を求める性急さ。進捗が気になってならないのだ。息を継ぐ間もないこの感じは、ちょっと普通ではない。

実は、この課長は、後に精神科医から軽度の発達障害と診断されている。

Bはもともと強迫的なパーソナリティの人で、やらなければいけないと思ったことは徹底的にやらないと気が済まない。

社会的に立ち行かないわけではないので、病気とまではいえないのだが、一緒に働く人は大変である。まわりをストレスにさらしていく。

Bの場合、いわゆる地頭がよく、将棋の指し合いのゲームのように捉えている営業の仕事そのものに拘りがハマっているのだ。ハマれば一心不乱に繰り返し繰り返し働くので、結果が出て評価されていく。だが、自分の興味が向くもの以外への想像力はまったく働かず、他者への共感性はほとんど見えないし、表現することも難しい。

ひとつのことにひたすら専念することに長《た》けていた本田宗一郎も、発達障害的な傾向があったとも言われている。けれども、本田には藤沢武夫という参謀がいた。藤沢は全体を俯瞰《ふかん》する人で、現実主義者だったから、本田の能力を活かしつつ、その暴走を止めることができた。

基礎的な能力が高い発達障害者の場合、本田―藤沢のようなコンビが組めれば、マイナスになりがちな傾向をプラスに転じさせることができる。

が、実際はなかなかそうもいかないもので、事例2の課長Bのように、そこそこの成果は上げるが、その分まわりの犠牲者をどんどん出してしまうような、クラッシャー上司になってしまうことにもなる。

事例3　薄っぺらなクラッシャー

二つの事例を見てきたが、クラッシャーAもクラッシャーBも、自分の行いは善であると確信しており、他者に対する共感性が足りないか、あるいは共感性が欠如した上司だった。

同じ職場で働く人からすれば、かなり困った存在。仕事熱心であることは確かで、部下の仕事の支援もするのだが、そのやり方がまったく自分勝手で相手の気持ちが読めていない。悪意はないとしても、結果的に部下を潰してしまうクラッシャーたちだった。

次に紹介する事例3のクラッシャーCは、AやBとだいぶ種類が違う。

善という確信を持ってはいるが、比較的その度合いは低い。他者への共感性は決定的に足りない、欠けているというより、自分から捨てているふうがある。わかって部下を攻撃しているようにさえ見える。

要は、悪意が感じられるのだ。確信犯的な悪人というほどではなく、薄っぺらな悪い奴。

どこの職場にもいる小悪人とも言えるのだが、仕事の要領はよくて、立ち回りがうまい。だから、するすると出世し、手にした権力でまた薄っぺらな悪事を働く。

そんなクラッシャーCの標的になったのが、総務部人事課の課長Hである。

二人が働いていたのは、準大手クラスの証券会社。Cは三十八歳で、そのとき被害者Hは三十五歳だった。Cは地方の支店長から本社の総務部長に抜擢されて着任した。つまり三十八歳で本社の部長の座についたのだから、準大手クラスの会社とはいえ、相当早い出世である。

課長Hは、総務部長Cが着任早々、「キミのことは、よーく知っているよ」「これからはホントよろしくお願いしますよ」と慇懃《いんぎん》に挨拶してきたことを、鮮明に覚えていると言う。

知己《ちき》の関係ではなかったのだが、Cは事前に、Hが控え目ながらも勤勉で人望が厚い三年後輩の人物であることを調べ上げ、自分にとって出世競争の要注意人物であるとターゲティングしていたのだ。

Cは営業畑を歩いてきた人間なので、人事管理のルールや安全衛生には明るくなかった。それらに対しては、Hが会議前の資料を用意するなど、積極的にアシストしていた。言われなくても、入念に準備をして部長Cを支えていた。

その一方で、営業関連の人事などには、あえて口を挟まず、やや疑問を感じてもCに意見することを控えていた。それは、「部長のキャラへの戦略的な対応」では決してなく、純粋に、営業畑の部長の経験をリスペクトしてのことだった。

部長から役員への報告でも、課長が準備万端の資料を作成。おかげで部長Cは、なんなくその役をこなせていた。ところが、そのうち部長の課長への態度が変わりはじめた。ある日、ツカツカとやってきて、こんなことを言うのだった。

「ボクでも、労務の仕事くらい十分にできるんだよ。支店で支店長を三年やっていたんだからね」

「ボクのことを見くびってるのかなあ。ボクがMBA持ってること、キミは知ってる？」

これはいけないと思ったHは、まず自分の態度について謝罪し、すぐに改善する旨を伝えた。「出すぎた真似をしておりました。部長のご意向を第一に確かめることを、以後、肝に銘じます」と頭を下げて詫びたという。

後日、課長Hは同期の社長秘書室長から、こんな話を聞いた。Hに文句をつけてきた日の前の晩、部長Cは、役員会の後、経営陣と飲みに行き、その際に役員の一人が「君は有能な部下に恵まれてラッキーだよ」と、とりわけHのことをたいへん褒めあげた。それがCの機嫌を大層損ね、役員たちと別行動となった二次会は、殺伐としていたそうなのだ。
つまらない嫉妬である。

身体的問題

それでも、Hはめげず、それまで以上に気を遣いながら仕事をしていた。そして人事課の部下たちに、「こんな時こそ広い視野と大所高所に立つことが大事なんだ」と語り、「この会社のためには、ああいう人もいるんだと割り切ればいい」「営業にかけては、部長は本当に凄い力があるんだからな」と話していた。

職場でのCは、相手によって態度をコロコロ変える人間だった。仕事ができるというよりも、世渡りがうまい、特に上の者の顔色を窺うことに長けた部長であった。

また、職場を離れると、時に係長以下を引き連れて飲みに行くことを好んだ。そこで過去の武勇伝を語るのである。ただし、支払いはコンプライアンスだからと割り勘。二次会のカラオケではマイクを握りっぱなしで、部下に「歌え」と命じても他人の歌はまったく聞かず、その間にまた武勇伝を語る。

そうした場に、課長Hが誘われることは一度もなかった。Hは、「むしろその方が楽だ」

と考えるようにしていたと言う。

たしかに楽しくもなんともない飲み会なのだが、部下たちは明らかにHに対するイジメだと思っていた。でも、まさか部長には進言できないし、課長にも申し訳なくてその思いを伝えることができなかった。

そんな状態が続いた約半年後、課長Hに身体的問題が発生した。めまいと耳鳴りが止まらなくなったのだ。受診して「特に問題はないから、過労でしょうね」と言われたが、めまいと耳鳴りはひどくなるばかり。産業医には「時短勤務をするように」と指示されたのだが、自分から業務を軽減することはなかった。

この状況は一年半にわたり継続した。当時のHは、入眠困難と中途覚醒で睡眠不足に苦しんでいたそうだから、メンタル不全ぎりぎりだったのだろう。しかしあることがきっかけで、症状は全快する。

「あれだけ不調だったのが、嘘のように晴れましたからね。まさか、あんなことになるとは思いもしませんでしたよ」

部長Cの経費不正使用が発覚したのだ。すぐに部長は処分され、降格となり、再び地方支店の勤務になった。その日を境に、Hの体調はケロリと元に戻った。

このHの状態にあえて診断をつけるとすれば、軽度の適応障害である。ストレスの原因が除去されれば、心身の反応が自然に回復しているからである。

（参考：適応障害の診断基準［DSM－Ⅳ］。はっきりと確認できる大きなストレス、及び、継続的に反復的にかかり続けるストレスが発症の原因であり、ストレス因子が排除された場合、症状がなくなること）

何のために働くか

こうしてコトの経緯をたどるにつれ、クラッシャーCの小悪人ぶりが情けなく思える。経費の不正使用というのも、数日に渡るガールズバーでの遊びに使った二万数千円の領収書のごまかしだったとのこと。それで左遷されていれば世話はない、というか、のちにヒアリングしたところでは、会社はその機を待っていたようだ。

Cのモラハラで精神的に潰れたり、退職したりした部下が、確認できているだけで四人もいたからだ。

会社の幹部たちも、その認識は共有していたのだが、明らかなセクハラやパワハラを社内でするわけではなく、しかも担当部署の業績は悪くなかったので、処分のしようがなかった。領収書のごまかし発覚は、会社にとってもよいきっかけだったのだ。

しかし、再び地方支店の勤務になったCが、心を入れ替えたわけではない。権力が減ったぶん、被害は小さくなったとはいえ、その後も上役の顔色を窺いながら部下を自分の家来のように扱い、気に食わない者がいると陰湿なイジメをしていると聞く。

いったいCは何のために働いているのだろうか。

仕事を通じて自己実現を図り、同僚や部下と一丸になって、会社を背負い、目標を達成する。そのような高邁《こうまい》な意識が、Cにはまったくない。

そのかわりに、自分自身が賞賛され、部下が自分を全面的に崇拝、自分が部下を完全に支配できると思えること、ちっぽけな全能感に満たされたいがために仕事をしているのだ。

したがって、年齢の近い「デキる」部下である課長Hは、自分の「全能」にとって邪魔な存在でしかない。いくら部下が謙虚で支援的であったとしても、それはむしろ自分の能力を貶めようとする行為にしか感じられない。被害感情が高じて、「ボクのことを見くびってるのかなあ」と言ってくる。

Cは出世欲があるけれど、実は自分にさほど自信がない。あまり有能ではなく、これまで出世してこれたのは、うまく世渡りしてきただけだということを実は認識している。だからその不安感を払拭するために、取り巻きや派閥を形成し、その閉鎖された人間関係の中で、裸の王様的にふるまい、賞賛を望んで矮小《わいしょう》な全能感を覚えて恍惚《こうこつ》とするのである。

全体最適の視点が必要

では、その被害者となった課長Hはどうか。Hは、優しく寛容で、相手の立場を尊重し、自説を主張せず、人当たりがよい人物であった。それはすべて良いことなのだろうか?

Cに対するHの態度を、世間は「オトナ」と褒め称えるかもしれない。しかし、私はそうは思わない。長いものには巻かれるのがオトナなのかもしれないが、このデキる課長でさえ心身の不調が出現している。原因は明らかに部長Cによるモラハラだ。

「この会社のためには、ああいう人もいるんだと割り切ればいい」とまわりが我慢したら、その者は余計に増長してモラル・ハラスメントをし続ける。Hは頑張りどころを間違えていたのではないか。

また、Cのような人間を、「そこそこ結果を出すから」「よく言うことを聞くから」と見逃してきた会社の上層部もいただけない。Cの問題性については気づいていたのだから、経費不正使用の発覚を待たずに、その横暴を許さない堂々とした態度が必要なのである。

そこでは会社のコンプライアンス、規範意識が試される。この証券会社の場合、単なる流行り言葉をなぞるのではない意識が欲しかった。

そして、自分と思想信条の異なる部下だろうが、プライベートではソリの合わない部下だろうが、ワークライフバランスの考え方が異なる部下であろうが、それぞれの個を尊重する。そして、自分たちの目指す結果を出すために、それらの戦力をモジュールとして適材適所に嵌《は》め込み、総合力としてチームを構築する。そういう冷静な「ダイバーシティを総合力に変えていく」全体最適（エンタープライズ・アーキテクチャ）の視点が必要なのである。

そのような、信頼できる公正な規範意識が会社にあれば、控え目な課長Hだって黙っていなかっただろう。

理不尽なモラハラを忍の一字でぐっと耐えたことで、「あの人はオトナだ」と褒め称えられる時代ではない。ダメなものはダメである、というごくシンプルな会社のコンプライアンス意識こそが今の時代に求められる。

それが、社員のストレス耐性や困難な状況を乗り越えていく、一人一人のレジリエンス（回復力）に繋がり、ひいては会社の総合力となっていく。そのような高邁な意識を会社全体で共有することが重要だ。

部下が上司のハラスメントでやられたとき、責められるべきは当然、クラッシャー上司のほうだ。真面目な部下が自分を責める必要はまったくない。同時に、そんなことで耐える美学も必要ない。

なぜそんなわかりやすい道理が通用しないのか。

日本の組織が、まだまだコンプライアンス意識が低いのは、どうしてなのか。

この社会はなぜクラッシャー上司を生んでしまうのか、といった話に通じる、日本の会社組織の病巣については、第三章でじっくりと論考する。

第二章

クラッシャーの精神構造

——未熟なデキるやつ

他者に対する鈍感性、強迫的なパーソナリティ、歪んだワークモチベーション。そうした特質を持ったクラッシャー上司によって部下が潰されていった事例の紹介と、その解説をしてきた。そこには、「自分の行為は善であるという確信」と「他人への共感性の欠如」が通底して見てとれた。

他にも、「トンチンカン」「努力報酬不均衡」「サディズム」「矮小な全能感」など、気になるワードが浮かび上がった。

クラッシャー上司にもいろいろなタイプがいて、また違った特質を有することもあるが、これまで紹介してきた事例で、その問題性は概《おおむ》ね指摘できたと思う。

では、なぜクラッシャー上司はそのような振る舞いをしてしまうのか、その精神構造はどうなっているのか。第二章ではこれらについての考察を丁寧に展開していきたい。

事例4　父親の言葉がクラッシャーを生んだ

ただし、その前に紹介しておくべき、四つめの事例がある。

クラッシャーA、B、Cと呼称してきたが、四人目はクラッシャーXとしたい。その破壊力がA、B、Cをさらに上回るもので、さらに、いかにしてクラッシャー上司となったか、そのバックグラウンドが明らかになっている事例だからである。

私は、精神科産業医としてクラッシャー上司のいる様々な職場を十五年ほど見てきたが、ここまで強烈なケースを他に知らない。また、クラッシャーの精神構造の問題性をこれほどくっきりと示している例もめったにない。いわば、さきに述べたキーワードの「全部乗せ」的な事例なのである。

クラッシャーXは、トップ私大の看板学部を優秀な成績で卒業後、国内トップクラスの総合商社に入社した。

父親は中央官庁の高級官僚で、幼少時より両親から極めて保護的に養育された。小学生の低学年次から塾通いの日々で、ほとんど友だちと交流することもなく、父親に「お前は他の子供とは違うんだ」と言われて育ち、高いプライドを有するようになった。

勉強はとてもよくでき、国立T大学を目指したが、受験に失敗。父親は、T大学から中央官庁へ総合職で入省することを強く望んでいたが、果たせなかった。このことから父親がXに向かって、「お前はダメな人間だ」と罵倒することもままあったという。

基礎的な能力は高く、総合商社では二十代から実績を上げ、順調に昇進。同期の中でもっとも早く管理職に登用された。しかし、仕事はできるが、社内では誰もが関わりを持ちたがらない強烈な個性の社員であった。

もっとも問題だったのは、部下に対する態度である。

部下が業務上の失敗をすると、自室に呼び出し、二時間近く「ネチネチ」と遠回しに非難した。決して明らかなパワハラにならないように、はじめは優しい口調で話し出すが、部下が弁解をすると一方的に論駁《ろんばく》するディベーターのように変身した。

鉄壁の論理を構築し、相手を弁解の余地のないところまで心理的に追い詰める。部下が疲れ果てて、「自分がすべて間違っておりました。申し訳ございません」と平謝りするまで、延々と論難する。

部下に業務上の失敗があると、最後は自分が直接に乗り出し、クライアントにうまく対応して商談をまとめた。クライアントもロジカルに仕事を捌《さば》いていくことを好むタイプが多かったので、社外ではXのやり方が好評だった。

X本人は、気分の上がり下がりが激しく、ハイなときは部下を引き連れて、自分好みの飲食店に連れて行き、スーツ・くつ・かばん・文具などのブランドやワインの蘊蓄《うんちく》を傾け、大盤振る舞いをした。

その一方で、これといった原因もないのに、何を言っても取りつく島のないほど不機嫌であったりする。そのため部下のみならず職場の同僚の全員が、本人に面と向かって本音を言えず、「しかたがない。逆らわないでおこう」と諦めていた。

産業医への攻撃性

Xが部長代理に昇進してすぐ、三十代前半の部下がうつ病に罹患《りかん》し、会社を休むことになった。その際には、「世の中にうつ病なんてものはないいんだよ！　本人が弱いんだ」と職場で吐き捨てていた。

その二カ月後に、もう一人の二十代の部下が、回転性のめまいを訴えて病院を受診、心身症と診断されて休職となった。

部下二人が連続してメンタル不全に陥ったため、さすがに上司の部長が「君のマネジメントに問題があるのではないか？」と言ってきた。Xは堂々とこう言い放った。

「部としての業績は極めて好調です。何も問題はありません」

「自分は部下を叱責せず、いつも長時間かけて論理的に話し合い、失敗の尻拭いをし、クライアントとうまくやっています。それは部長もご存じのはず」

「部下のメンタル不全は、明らかに個人の問題です。こんな弱々しい部下をかばうようでは、我が社の将来が暗いと危惧します」

部長も、Xの強弁に無理があるとは感じていたものの、実際の営業成績が極めて高かったので、その場では本人の説明を仕方なく受け入れた。

Xは、それ以降、よりいっそう部下を陰湿に責めるようになり、部内の雰囲気はどんどん悪化していった。

たまりかねた部下の課長が、実際の状況を部長に直訴。部長は、部下の休職の件も含めて社内の精神科産業医に相談した。

産業医は、「部下の休職の件でお話を伺いたい」旨を伝え、Xと面談した。

Xは面談で、産業医の問いも待たずに、こうまくしたてた。

「まったく最近の若い奴らは困ったもんです。新型うつ病とか言うんですか。育ててあげようと優しく愛の鞭《むち》をふるうと、すぐに音《ね》を上げてしまう。ああいう奴らに精神疾患の診断書を出すのはいかがなものなのでしょうね。最近の精神科医の方々も、先生には悪いけど、質が落ちましたな」

二人の部下の診断書を書いたのは、産業医が信頼している精神科医である。Xはそのことを知っていて、頭から産業医に嫌味を言ってきたのである。

産業医は努めて冷静に適応障害のあらましを解説した。そして、今回の二人の部下の件は、原因の一端が職場環境、つまり管理職のマネジメントスタイルにもある旨を述べた。するとXは、激昂《げきこう》して反論した。

「先生はいくらご高名かもしれませんがね、企業というものがわかっていない。私は、今回の部下の休職の処遇に納得していません。それを原因がこっちにもあるなんて言われちゃ、いくら仏と言われた私でも黙っちゃいられませんよ。なんなら失礼とは存じますが、父の友人にT大病院の精神科医がいますので、そちらにセカンドオピニオンをもらってきてよろしいでしょうか？」

Xは、脅迫にも近いような攻撃性を露呈してきた。

産業医は、話を穏やかに聞く姿勢を心がけた。話のスピードを少し落として、まず部下の状態に関する「冷静で論理的な診断と見通し」を述べ、激昂する本人には一切反論せず、ひたすら言い分に頷《うなず》きながら、約一時間は傾聴に徹した。

やがて本人の興奮は収まったものの、精神科医の説明には耳を貸そうとしなかった。最後まで持論を曲げることなく、自身のマネジメントスタイルの問題性については徹底的に否定した。

「この部は、俺が、俺のやり方でここまで引っ張ってきたんですよ。そのことは、部長はもちろん、役員だって十分に認めている。それを門外漢の先生に云々《うんぬん》言われるのは心外だ。お話にならない！」

このとき、Xは四十四歳。それ以降、精神科産業医との面談には一切応じようとしなかった。

仕事のやり方も変わることなく、Xはもうすぐ五十四歳になる。今は役員の一人として辣《らつ》腕《わん》を振るっているが、この十年間でメンタル不全に陥った彼の部下は、両手の指の数では足りないと言われている。

クラッシャーになった理由

この本の「はじめに」で、〈一部上場企業の役員のうち数人は「クラッシャー上司」がいる、と言うことはできる〉と書いた。

クラッシャーXは、紛れもなくそのうちの一人であるが、破壊力は凄まじい。

「パーソナリティ障害」という障害に近いのだが、そう診断するには本人に社会的な不適応が起きていなければならない。

クラッシャーXは、何人もの部下を適応障害にさせているが、本人は役員まですするする出世していくような「デキる社員」で、不適応には陥っていない。精神科医は、潰されて精神を病んだ部下のほうの治療はできても、潰したほうのクラッシャーに介入はできない。

じゃあ、なんなんだ、なぜそんな働き方、生き方で人に迷惑をかけているのに放置するのか?と苛立たしく思うことだろう。

たしかに、そうだ。多くの常識的な人たちにとっては、理解不能な傍若無人ぶりを発揮しているのだから。

クラッシャーが形成されてきた背景を、時系列で見ていこう。

まず、彼は、幼少時より両親から保護的に養育され、小学生の低学年次から塾通いをし、ほとんど友だちと交流することもなかった。ここで私が注目したいのは、ギャングエイジと呼ばれる小学校低学年の頃に、少年Xはどれほどヤンチャな遊びをしたことがあるか、である。

塾通いがもう始まっているし、父親からは「お前は他の子供とは違うんだ」と言われて育った。野外でも屋内でもいいのだが、友だちと思い切り遊んだ経験に乏しいのだ。つまり、人の成長に極めて重要な通過儀礼を経ていないのである。

学歴に拘《こだわ》る父親

ギャングエイジの時期には、自分と近い年代の子供たちと群れをなして遊ぶ。特に男子の場合、その遊び方は乱暴だ。

たとえば群れの中にすぐ上下関係ができて、上が下に対し「その塀の上から飛び降りろ」と命じたら、下は断るわけにいかない。上が許さないだけでなく、まわりが「早く飛べよ」とはやしたてる。

そして、蛮勇を振るって飛び降りる。案の定、足を挫《くじ》いてしまう。家に帰り、腫れた足首を母親に見せると、「なんでそんなバカなことをするの！」と怒られる。自分だって、飛びたくて飛んだわけではないのに……。

母親が心配して怒っているのは理解できる。しかし、「××君がむりやり命令したんだ」とは言えない。言ったら、「子供の喧嘩《けんか》に親が出る」状態を自ら作り出してしまう。そこは子供なりの誇りとして、ぐっと我慢する。

もちろん、イジメを肯定するつもりはない。しかし、陰湿なイジメでない限り、このような理不尽な経験と、その葛藤《かっとう》の処理は、人が社会的な生活を送るうえで必要な技能を獲得する絶好の機会なのだ。

大人になるための発達課題をクリアし、成熟した人間に一歩近づくチャンス。ギャングエイジの時期は、そんなチャンスに満ち溢れている。

集団内の競争で、ライバル視しているあいつにどうしても敵《かな》わない、といった挫折体験でもいい。なかなか越えられない壁があることを知ることは、自己愛を無限に肥大させないためにも大変重要だ。

だが、少年Xは保護されて育ったので、理不尽な目に遭っていないし、群れていないので集団の中での葛藤を経験していないし、挫折も味わっていない。強権を握っていた父親の言うなりに勉強し、勉強ができたものだから「高いプライド」を有するに至った。

事例の紹介では略したが、彼は超難関とされる中高一貫の男子校に通っていた。だから、高校受験で挫折を経験することもなかった。恋愛の挫折とも無縁だった。はじめての壁は大学受験だった。

Xは、T大学に現役合格できる学力を持ち合わせていたそうである。ところが、落ちた。いちおう肩慣らしで受けていたトップ私立の看板学部には合格し、そこに仕方なく入学した。父親からは、「お前はダメな人間だ」と言われた。

なぜ、Xの父親はそこまで学歴に拘ったのか。T大学から中央官庁に入省し、高級官僚になって当然という価値観の持ち主だったからである。自分自身がそう生きてきたのだ。

だったら、一浪でT大学を受け直させればよかったのではと思うのだが、父親にとって受験浪人の選択肢はありえなかった。それはエリート失格を意味していた（一浪くらいしていても、高級官僚で次官クラスまで上り詰めた人はいくらでもいるのだが）。

とんとん拍子に出世

T大学落ちは、Xにとって相当な挫折だった。父親の意に添えなかったばかりでなく、もともとなかった自信がボロボロになった。

勉強ができてプライドが高かったのに、自信がなかった？

そう、Xは、自分には価値があると思えていない青年だったのである。それはやはり父親のせいだ。彼の父親は、彼をまったく褒めることがなかった。勉強で良い成績を取っても、中学受験で超難関校に受かっても、それは父親からしたら当然のことなので、褒めなかったのである。

第一章のクラッシャーBの解説で、努力報酬モデルの話をしたが、人は褒められてはじめて自分自身の正当な自己イメージを作り上げていく。「そうか、俺はこれができるんだ」と、親をはじめとする大人から褒められてようやく確固たる自信が形成され、自分のサイズが見えてくる。

でも、Xは褒めて育てられなかったから、正当な自己イメージが作れず、歪んだ自己愛ばかり肥大化させてしまった。実はゼロに近い自分の価値と、高いプライドの間に大きな乖離《かいり》があり、その差を埋めるべく、いつも虚勢を張って生きてきたのである。

塾の先生は、おそらく優秀な成績を取ったときなど、少年Xを褒めただろう。しかし、Xにとって圧倒的な存在は父親だ。とにかく父親からの承認が欲しかった。その父親から「お前はダメな人間だ」と否定されたときの絶望はどれほどだっただろう。ここでグレてもおかしくない。

ところが、勉強をすること、目の前にある課題をこなすことしかしてこなかったXは、大学でもきちんと勉学をして成績優秀者として卒業した。大人気の総合商社にもやすやす入社できた。

父親が褒めることはなかったが、世間的には順風満帆。いわゆる地頭もかなり良いから、会社での実績も上げていった。

実際に、仕事はむちゃくちゃできた。情報処理のスピードが求められる仕事だったので、クライアントから一目置かれ、大きな業績をあげていった。

安易な「幼児的万能感」

Xの、自室に呼び出してネチネチと追い詰めていくやり方は、明らかなモラハラだ。これもクラッシャーBの雪隠づめによく似ている。

ただ、「はじめは優しい口調で話し出す」という部分はより陰険だ。追い詰め方も、「今、君はこう言ったよね。それって、前回、君が言ったことと矛盾するんじゃないかな」と、相手の論理破綻《はたん》を誘い出す。上下関係を使って相手の人格を否定するようなパワハラとは決して言わせない、高レベルなモラハラを行っていたのである。

そのモラハラは二時間近く続くこともよくあった。だが、実はXは、自室に部下を呼び出す前から、部下がやったこと、それについて部下がどう弁解するか、全部わかっていた。賢いので、将棋の何十手先まで読めるのである。なぜ部下が失敗をし、その失敗を部下がどうできるか、すべてわかっている。

なら、なぜ二時間もかけて、ネチネチ追い詰めるのか。

それは自分の中にある「こいつ、ちゃんと仕事をやれなかった、上からの俺への評価が下がるじゃないか」というイライラを晴らしたいからである。自分の感情をぶつけるためだけに雪隠づめをする。キレ方の一種、憂さ晴らしなのである。

これは、精神分析でいうところの「退行」だ。困ったことがあると「ギャーッ」と泣く、赤ちゃん返りと言ってもいい。

赤ん坊は、おむつが濡れる、お腹が減る、寝苦しいと「ギャーッ」と泣く。そうすると全部、母親が解決してくれ、快適になる。喚《わめ》きさえすれば、すべてが手に入る、と考える「感覚」を、精神分析では「幼児的全能感」と呼ぶ。

Xの雪隠づめも、幼児的全能感を満たすための行為なのである。巷のパワハラも基本的に共通している。おじさんが怒鳴りまくるのと、赤ちゃんが喚くのは本質的に似ている。

不快なときに、暴言を吐いて威圧すれば、周囲はそれにひるんで、すべて自分が思う通りに動いてくれて、自分が満足できるだろうという安易な全能感を発露させる行為が「ハラスメント」の根底にあるのだ。

ただ、昨今、パワハラに対する世間の目が厳しくなった。下手をすると訴えられてしまう。それは困るので、Xはパワハラにならないよう自己コントロールしながら、ハラスメントを行うわけだ。

クラッシャーXは、気分がいいと部下を引き連れて、飲食店で大盤振る舞いした。その際に、ブランドやワインの蘊蓄を傾けることを好んでいた。

クラッシャーCは、カラオケの独占と武勇伝語りを好んでいたが、これも本質的には同じことである。どちらも部下から自分が認められていることを確認したい、極めて陳腐な承認欲求のなせるわざだ。

歪んだ自己愛

さきほどから、「歪んだ自己愛」という言葉を使っているが、これもクラッシャーの精神構造を読み解く重要なキーワードである。

たいていのクラッシャーがそうだが、Xも仕事には熱心だった。より正確には、商談をまとめること、業績を上げること、そして出世をすることに執着心があった。これも偉大なる父親に認められなかった、空っぽな自分がそうさせるのである。

とにかく大きなことを達成しなければ、お父さんは褒めてくれない。無意識にいつもそうした焦りがある。軽度な発達障害と診断されたクラッシャーBほど強迫的ではないにしても、「やらねばならない。やり遂げたら、次をやらねばならない……」というエンドレスな焦燥《しょうそう》がある。

初めのころは自分ひとりでも、それをやり遂げることができたが、次第にやらねばならないものは大きくなっていくので、自力では間に合わなくなる。そして、部下をこき使うようになる。部下を潰してでも自分の目標を達成させようとする。歪んだ自己愛が肥大し続けるのである。

クラッシャー上司たちは、仕事の結果を成功と失敗のどちらかでしか評価しない。オール・オア・ナッシング思考がとても強く、彼らの中にはグレーゾーンがない。

Xの場合は、T大学から中央官庁に入らなければ、「お前はダメな人間だ」と言われてしまう世界で生きてきた。私大トップ校の看板学部合格でも価値はゼロなのだから、どうしたってゼロ百思考になる。

歪んだ自己愛というものは、現状そのままの自分を認められない、百パーセントの完成した自分にならないと許せない心理である。それは仕事の目標を達成する上で強いパワーを生み出すが、そのためになら手段を選ばない冷酷さを伴う。

そんな人たちなので、他者の気持ちがわからないのも当然なのである。クラッシャーの大きな特徴である「共感性の欠如」の問題だ。

クラッシャーXが、部下二人を連続してメンタル不全に陥らせた。上司の部長に「君に問題があるのではないか？」と問われたXは、「何も問題はありません」「自分は部下を叱責せず、いつも長時間かけて論理的に話し合い、失敗の尻拭いをし、クライアントとうまくやっています」「部下のメンタル不全は、明らかに個人の問題です」と答えた。

これは詭弁《きべん》ではなく、本心から思っての回答である。共感性が決定的に欠如していて、部下の辛さが本当にわかっていないのである。

事例1のように、自分が精神的に潰した部下のことを「あいつ大丈夫ですかね？」と気にかけた上司Aのような、多少は共感性のあるクラッシャーも存在する。

そういう意味でクラッシャーは、重度から軽度までのグラデーションもあるスペクトラム状の人格傾向があるのだが、部下の立場からしたら散々な目に遭わせられたことにおいて、どの上司も加害者でしかない。ワインの蘊蓄もカラオケや武勇伝の自慢も、いやいや付き合っている側にお構いなしでは、空気が読めないナルシストの愚行でしかない。

「未熟型うつ」の例

クラッシャーXは、精神科産業医に対しても、「まったく最近の若い奴らは困ったもんです。新型うつ病とか言うんですか。育ててあげようと優しく愛の鞭をふるうと、すぐに音を上げてしまう。ああいう奴らに精神疾患の診断書を出すのはいかがなものなのでしょうね」と攻撃的な態度を取った。

ここで「新型うつ病」という言葉が出たので、それについて事例を示し、成熟ということについて考えてみたい。

第一章で、私はそう呼ばず、「未熟型うつ」と称していると言った。「新型うつ病」はマスコミによる造語でその概念があいまいすぎる。少しでも学問的な分析に根ざした用語にすべきだという思いから、私は「未熟型うつ」を使用している。

それに、「新型うつ病」や「現代型うつ」といった呼び方だと、そう診断された当人が、「俺って、おっさんのうつとは別のうつでさ」と言葉に安住し、勘違いしかねないところがある。うつを治すには、本人のそこから抜け出そうという意志が不可欠なのだが、据わりのいい病名をもらって、そこに安住してしまう向きが見られるのである。

そこを「未熟型うつ」とすれば、「俺って、未熟なうつでさ」と吹聴《ふいちょう》することはできまい。当事者が自分を客観視するためにも、実際の原因を示す呼称が必要だと考えるのである。

さて、ならば「未熟型うつ」の人は未熟な人間かという話になるが、ざっくりと言えば基本的には、その通りだ。少なくとも彼らは、成熟はしていない。

事例を挙げてみよう。

少し長くなるが、未熟型うつの典型例である。

紹介させてもらう当人は、飲料メーカーに入社して三年目の経理マンI、二十五歳。

元来、陽気な性格で、大学時代は学園祭実行委員長を務めるなど、人前で活動することが好きだった。新入社員研修でもリーダーシップを率先して取り、社内同好会活動や宴会幹事を積極的に引き受けていた。

本人は本社宣伝部で働きたがっていたが、配属は都内近郊にある工場の総務課。「俺のイメージには合わない」「作業服を着て働くのなんて格好悪い」と不満をもらしつつの仕事スタートとなった。

総務課は、勤続二十年の課長と勤続十年の女性係長と本人の三名からなる小所帯で、上司二名はたいへんに面倒見が良く、新人のＩに丁寧なアドバイスを与えていた。

ところが、Ｉの子会社社員に対する態度が横柄であったため、係長が言葉遣いについてたしなめると、本人は憮然《ぶぜん》とした表情で返事もせず、以来、係長を無視するようになった。

係長はそれでも丁寧に仕事を指導していたが、Ｉは社内外で係長の悪口を言い、「俺は本来本社にいるべきで、こんな工場の無能な係長なんぞに、いちいち細かいことを言われる人間ではない」などと言っているとの噂が流れた。

働きぶりは、本社課長などへの報告には身を入れて、それなりの仕事をしていた。だが、工場内部の仕事や子会社に対する態度は相変わらず横柄であり、周囲もつきあい方に困っていた。

ある日、人事考課で満足のいく評価が得られなかったＩは、その不満を課長にぶちまけ、おおっぴらな口喧嘩《くちげんか》になった。その件が本社人事に報告され、Ｉは事情のヒアリングを受け、勤務態度を改善するよう指導された。

三カ月休職

Ｉが出社しなくなったのは、その翌日からだった。無断欠勤が三日連続したため、係長がアパートを訪ねたところ、「会社に行く気力がおきません」「食欲がなく、夜もよく寝られない」と言うため、係長はまず「有給を取って少し休んだらどう？」とアドバイスした。

本人は「わかりました、休みます」とすぐに応じた。さらに、「でも、私は病気かもしれません」「課長のいじめが原因で会社に行けない」「三日間、インターネットでいろいろな病気を調べましたが、うつ病の症状に似ていると思う」と付け加えた。

三週間の有給休暇の後、Iから総務課に心療内科クリニック発行の診断書が送付されてきた。診断名は「抑うつ状態」。「憂鬱感《ゆううつかん》が著明で就労意欲の低下、食欲不振と睡眠障害を認めるため、上記診断にて服薬と約三カ月間の休養が必要である」と記されていた。

工場の総務課長が本社人事に相談をしたところ、「診断書が出ているのでは仕方がない。まずは三カ月の休みを取らせるしかないが、しかし、何か納得がいかないなあ」と、しぶしぶの疾病《しっぺい》休職となった。

三カ月の休職期間は、「電話をかけるとかえって病状が悪くなるかもしれない」との人事担当の判断で一切コンタクトせず、会社はIの病状を把握していなかった。二カ月半経過して、そろそろ診断書の期限が切れるため、担当者からその後の状況を照会する内容の手紙を本人に送付したところ、再び診断書が送付されてきた。

診断書の診断名は、また「抑うつ状態」。「上記診断にて治療を継続中。服薬により症状は軽快しているが、復職については現時点では不可能。さらに向こう一カ月程度の休養が必要である」とあった。

この時点で、人事担当者は産業医に相談をした。産業医は心療内科クリニックの主治医に対し、電話で状況の報告と今後の相談の申し入れを行い、主治医からは本人の治療と社会復帰の目的に限定してとの条件付きで、診療状況についての概要説明があった。

いったん復帰したものの……

Iは、クリニックでこう申述している。

「いわれのないパワハラを受けた」

「上司との人間関係は最悪で、業務に支障を来している」

「今回のうつの原因は、上司が自分のミスを誇大に本社に報告して、自分が責任をとらされたことにある」

クリニックの主治医は次の見解を示した。

・「憂鬱感」と「喜びと興味の減退」を確かに認める

・SSRI（抗うつ薬）投与によって、症状は反応し、回復してきている
・しかし、いまだに「パワハラの状況が蘇ってくる」と訴える
・したがって、復職はいまだ無理と判断している

産業医は、さらに社内でIと比較的仲の良い同期から、次の情報を得た。

「ここ一カ月ほどは割と元気になったそうだ」
「夜は大学時代の友人たちと飲みに行ったりしているらしい」
「先週は合コンに行ったと、喜んで話していたので、本当にうつ？と思った」
「昼間は、アパート近くのパチスロ屋に入り浸っている姿をよく見かける」

それらの情報を元に産業医は、Iとの面談を実施した。本人は、「会社には戻りたいが、今の工場は無理」「いじめられた状況がフラッシュバックしてきて怖い」「昼間は、リハビリを兼ねて外出して、趣味をいろいろとやっている」「私は被害者なので、会社は上司にきちんと指導してほしい」と述べた。

産業医はそれらを主治医に報告した。主治医が来院したIに、「このまま休んでいても回復が遅れるので、そろそろリハビリ出勤をしてはどうか。復職先については私から産業医の先生によくお願いをしてあげる」と支持的に対応したところ、本人は翌月から復帰すること

に同意した。

産業医と人事課の調整で、Ｉは配属希望先であった、本社宣伝部にリハビリ的に復職することとなり、十時から十五時までの時短勤務が開始された。

すると、本人は極めて元気で、朝は頻繁に「どうも調子が悪くて……」と遅刻するものの、昼間はよく働き、順調に業務をこなした。

約四週間のリハビリ勤務の後、心療内科クリニックの主治医と産業医の判断で、正式に復職が決まり、元職復帰の原則から、工場総務課に戻った。二週間ほどは、協調的に勤務したが、朝の体調不良から遅刻がちとなり、次第に業務内容にもミスが増え、勤務意欲の低下が見受けられるようになった。

さらに二週間後、Ｉはまた無断欠勤となった。

上司がアパートを訪ねると「工場は自分には無理だ。働く意欲がわかない」「本社ならバリバリやる自信がある」「また、うつが再発したと思う」と述べた。

再度、疾病休職することとなった。

その後、診断書は毎月更新され半年が経過した。本人は休職中だったが、傷病休暇期間も満了に近くなったため、人事課長が、「就業規則上、このままでは自動的に退職になる」と電話をした。すると本人は激昂して会社批判を始めた。人事課長が耐えかねて、「そもそもこれは君のワガママだ」「そんなことを言うならいつでも辞めてくれて結構だ」と口にすると、激しい言い争いになってしまった。

以来、一カ月間、音信が途絶え、ある日、本社人事に内容証明郵便が届いた。「パワハラによってうつ病に罹患したため労災申請をするべく、父親とともに、労働基準監督署に相談中で同時に弁護士を通し民事訴訟を起こす準備中である」と記載されていた。

根拠のない万能感

この未熟型うつの事例を読んで、腹立たしく思った方は多いと思う。人事課長のように、「そもそもこれは君のワガママだ」と言いたくなるだろう。

たしかにワガママであり、自分勝手なのである。同じ職場で働いていた人たちからしたら、最悪の印象だ。いちいちカチンとくる態度やもの言いが多すぎる。

では、Iのどこが腹立たしいのか。

整理してみると、まず、彼には一貫して、根拠のない万能感のようなものがある。「俺は本来本社にいるべき」「本社ならバリバリやる自信がある」という発言。

たしかに本社宣伝部で四週間働いたときは、極めて元気で、業務も順調にこなしていた。だが、それはあくまでも十時から十五時までの時短勤務、リハビリ出勤の限りにおいてだ。普通に本社でバリバリ働ける根拠はどこにもない。

Iは、派手（に見える）な職場でさっそうと働く自分像を描いていたのだろう。ある意味、目標を高いところに置くタイプ。だが、そのための努力をしない。

本社宣伝部で活躍したいから、工場の総務課でもいい仕事をして、上層部から目のとまる人間になろう、という発想はないようだ。地道に働く意味をまったく軽んじている。

また、地味であれ、配属された総務課の課長と係長は、いい人だった。ていねいに部下を育成しようとする上司二人に恵まれていたのである。なのに、ちょっと注意をされたくらいで逆恨みをする。自分の失敗は上司のせいという思考回路がある。内省力がなく、過度に他罰的である。

以上の、根拠のない万能感、地道さのなさ、内省がなく他罰的という三点は、「不健全な自己愛」と言い表すことができよう。

自分大好きだが、常にその気持ちが空まわりしており、健全性に欠けているのだ。だから、傍《はた》で見ていても苛立たしい。

そして何と言っても、Ｉは「未成熟」なのである。「不健全な自己愛」が目につく大人は巷にたくさんいて、彼ら彼女らはいろいろな問題を起こしながらもそれなりに置かれた場所に適応してやっているのだが、Ｉはそれに加えて「未成熟」が際立つため、恵まれた職場なのに長期休職で退職に追い込まれてしまう。

どんな仕事にも葛藤《かっとう》は付き物だが、我慢して、辛い時が過ぎるのを待つことができないのだ。派手な仕事をしたいのに地味な仕事を強《し》いられている、という本人にとっての葛藤状況で、すぐに抑うつ症状を呈してしまっている。

赤ちゃん返り

辛くなったときに、たとえば、「作業服を着て、毎日コツコツ、地味に仕事をしていると、一生俺はこうなのかなあ、と思ってしまって、たまらないんです」と課長や係長にこぼしたら、きっと二人の上司はその気持ちを汲んでくれただろう。自分たちが、十年、二十年、どんな気持ちで働いてきたのか、とつとつと話してくれるかもしれない。そこで、Ｉも気づきを得られたかもしれない。

だが、Ｉは、そうした情緒的なコミュニケーションを取ることができないのである。

働ける／働けない、元気／うつ、被害者／加害者など、自分や自分をとりまくものごとを両極端に決めつけて、グレーゾーンの中で思考をしようとしない。いつもゼロ百思考でオール・オア・ナッシングだから、他者の気持ちがわからない。したがって、情緒的に誰かとつき合えない。

で、追い詰められると、「いわれのないパワハラを受けた」などと逆ギレ、終いには会社を相手に民事訴訟を起こす内容証明まで送りつける。要は、「ギャーッ」と喚くのである。赤ちゃん返り、すなわち先述した「退行」を起こしてしまうのだ。

人事課長が「君のワガママだ」と言っていたが、赤ちゃんはみんなワガママである。「ギャーッ」と泣いて、よしよしと大人が面倒を見てやると、たまたま視界に入ったオモチャに気持ちが移って、それで遊ぶことに御執心となる。さんざっぱら泣いて可哀相にと思ったら、いきなりケロリと笑うのである。

Iは、休職中も疲弊しきっているわけではない。「憂鬱感」と「喜びと興味の減退」が医師から認められ、いまだに「パワハラの状況が蘇ってくる」と訴えているような状態でも、一方では飲み会、合コン、パチスロだ。仕事はダメでも遊びは大丈夫。意欲の低下は限定的で、心的エネルギーはちゃんと残存している。

まともな大人が彼らを見ると、虚言癖か、二重人格であるかのように映り、まったく理解に苦しむが、「そうか、赤ちゃんそのままだ」と考えれば理屈には合う。困った人間であることに変わりはないが、見方ひとつで「未熟型うつ」の諸症状が、なるほどと納得できることだろう。

デキる未熟、デキない未熟

さあ、というわけで、未熟型うつの話を長くしてきたが、すでに多くの読者は私が何を言わんとしているかお察しのはずだ。

そう、未熟型うつの「不健全な自己愛」も「未成熟」も心的エネルギーがある点も、本章で述べたクラッシャー上司の場合と一緒なのだ。

クラッシャー上司も、(根拠はそれなりにあるが) 万能感を抱き、地道さがなく、内省はせず他罰的である。我慢ができないし、共感性が欠如しているから情緒的なコミュニケーションを取れず、気に食わないことがあると「退行」する。

未熟なクラッシャー上司の基本的な精神構造は、未熟型うつと同じである。違いは、仕事がデキる/デキない、の部分だけだと言ってもいい。

クラッシャー上司は、いわゆる地頭がよく、高い問題処理能力を発揮する。ロジカルシンキングにも長けている。営業職をはじめとした多くの仕事は、そこが秀でていれば頭ひとつ抜けることができるので、彼らはいい結果をどんどん出し、次々と出世していく。しかし、そこまで基礎的問題処理能力が高い人物は、そうそういない。したがって未熟型うつの若者をはじめとした、多くの「自己愛」の歪んだ人たちは、会社の中で適応できず、病んでいくのだ。

他者に共感できない

クラッシャーXの話に戻ろう。

彼は、当人もクラッシャーではないかと思われるガチガチなエリート志向の父親の影響を強く受けていた。いつも父親から否定されながら、エリート街道を走らなければならなかったXは、他者への共感性が欠如した上昇志向の塊として数多くの部下のメンタルを壊してきた。

そんなXを、もう一人の親である母親はどう育ててきたのだろうか。

さまざまなヒアリングを重ねてきて見えてきたXの母親像は、絵に描いたように古典的な専業主婦だった。かなり裕福な家のお嬢さんとして育ち、若い時分に高級官僚である今の夫と結婚。じきに妊娠、出産し、この世に生を享《う》けたのがXだった。産んだ子供は彼だけで、Xは一人っ子として育つ。

Xは両親から過保護、あるいは過干渉に育った。基本的には、父親の意向が絶対で、その教育方針は、息子を自分と同等のエリートにすることだった。何をやってもダメ出しばかり、決して褒めることのない、スパルタ教育を施した。

それに対し母親は、いつも一歩下がって夫を立てる妻であった。母親は本当に父親のことを尊敬（≠畏怖）していて、息子には「お父さんの言うことを聞きなさい」が口癖だった。息子が何か失敗すると、いかにお父さんの言うことが正しいか、その通りにすることがどれだけ大切かを、じゅんじゅんと説教した。母親もまた、息子を褒めることがまるでなかった。

核家族だったので、絶対権力者である父親と、父親の従順なしもべのごとき母親との三人暮らし。少年Xは、身近な誰からも共感されたことがなかったのだ。

だから、他者に共感することができない。のみならず、褒められていないから、プライドは高くても実は自信がない。自信がないから、外形的でわかりやすい承認を求める。それが成績、業績であり、おしゃれやワインの蘊蓄なのだ。

Xの場合、私は、母親までもが父親と同じ態度で接していたことが不幸だったと思う。理不尽なくらい厳格な父親だったとしても、たいがいは母親がその攻撃性から子供を守るものである。父親に共感性や情緒性がない分、母親が愛情たっぷりに育てる。そうすれば、そんなに歪んだ自己愛は形成されないだろう。

愛情は、子供からすれば限りない信頼感だ。

私の厳しい母親

自分の話になるが、私も幼少の頃から厳しく育てられた。田舎の医師だった父は、今思うと、地域の顔役のような立場にあったらしい。その長男だったからか、私に対する母の躾《しつけ》はかなりのもので、「かなり叱られていたなあ」という記憶が一番強い。

母の厳しさは、家の他の人がいるときでも変わらなかった。伯母がその様子を見て、「叱り過ぎだ」と母に注意したこともあるそうだ。その伯母がこんなことを言っていた。

「でもね、一葉は不思議な子でね。あれだけ叱られて叱られて、見ているこっちが黙っていられなくなっても、お母さんがいなくなると『ママ、ママ!』と言っていつも泣いて探しまわったのよ。覚えていないでしょ？」

二歳か三歳の頃の話だそうだから、さすがに私は覚えていない。ただ、幼少の頃、母はとても厳しかったけれども、自分もそれ相応に利かん坊だったという記憶はある。母が叱るときはたしかに自分が何かをしでかしたときで、「あ、また怒らせちゃった」くらいの受け止め方をしていたような気がする。

そして、私が何かをしでかしたとしても、自分が母から見捨てられるんじゃないかといった不安は、まったくなかった。なぜそう思えたのかはうまく言葉にできないが、いいことをしたから褒められて、悪いことをしたから叱られる、といったある種の契約関係の次元を遥かに超えた、母に対する絶対的な信頼感が私の中にあった。

いまだにその信頼感の構造を明快に分析することができないのだが、逆に言うと、それこそが分析できるような理屈の世界から遠く離れた「愛情」だったのではないかと思うのである。

幼少時は愛情という概念も理解できないので、母親から実感として愛されていると思ったことはないけれども、どんなに厳しくされてもこの関係性は切れないと漠然と感じていたように思う。その根底での信頼感が、危なっかしいところもいろいろあった少年期、思春期の私を支え、どうにか一人前にさせてくれたのだなと、この歳になって感謝している。

Xの母親のエピソードからは、そうした根底に流れる愛情のようなものが感じられない。過保護ではあったようだが、息子よりも夫のほうを見て子育てしていたように思われる。だとすればやはり、子供は歪んでしまうだろう。

ただ、Xの母親を一方的に責める気になれないところもある。

なぜなら、多くのクラッシャーは、子供だけでなく妻にも影響を及ぼし、心理的に束縛しているからである。Xの母親は、Xのクラッシャー父親の被害者であったような気がしてならない。

次の章で述べるが、クラッシャーの家庭は実質的に崩壊していることが多い。子供は不登校や非行、妻はうつ病やアルコール依存症などになっているケースがある。

クラッシャーは部下だけでなく、自分の家庭もクラッシュさせてしまうのだ。

第三章

クラッシャーを生む日本の会社

——滅私奉公の時代の終わり

第一章で紹介したクラッシャーAのことを、「呆れた鈍感上司だ」と書いた。支援する気はあるのに、部下の辛さや痛みがわからない。疲れすぎて食欲が落ちているのに、「無理してでも食わないと持たないぞ」とトンカツを食べさせ、部下は気づかれないようトイレで吐く。

クラッシャー上司は鈍感なのである。他者への共感性が足りない、あるいは欠如している。鈍感だから部下のマネジメントができず、モラハラで潰してしまう。

その精神構造がどうなっているかについては、第二章で説明したが、では、そんなクラッシャー上司を生み出してしまう組織の側には問題点がないのか。

この章では、精神科産業医として様々な職場と関わる中で見えてきた、日本企業の社会構造について述べていく。私は、そもそもこの国の企業社会に、クラッシャー的な傾向が強くあったのではないかと考えている。

東芝粉飾事件

ひとつのヒントとして、巨大企業の不祥事の例を挙げる。

二〇一五年の夏に、歴代三社長が利益水増しに関与していたことが明らかになった、東芝の粉飾決算事件だ。

報道によると、二〇〇八年度から二〇一四年四―十二月期で、計一五一八億円の利益を水増ししていた。トップ自ら指揮をとった不正会計だという。歴代三社長が「チャレンジ」「予算必達」と呼ばれるプレッシャーを部下にかけていたのだ。

この問題で、社長以下の幹部が辞任。のみならず、信用失墜から東芝全体が経営危機に陥り、一万四千人規模の人員削減をし、不採算事業から撤退をした。医療機器子会社をキヤノンに、白物家電子会社を中国の美的集団に、それぞれ売却している。日本を代表する総合電機メーカーとしての東芝は、もう過去の姿かもしれない。

東芝没落の直接的な原因のひとつとして、二〇〇六年のアメリカ原子力関連会社大手・ウェスチングハウスの買収を指摘する識者が多い。原子力事業の将来性に賭けての策だったのだが、その総投資額が約六〇〇〇億円にも及んだ。当時の東芝の年間経常利益は約一〇〇〇億円だから、相当に無理やりな買収だったのである。

ところが、まもなくリーマンショック、そして東日本大震災での原発メルトダウンが起きた。原子力事業は投資額の回収の見込みも立たない状況となり、東芝の財務体質は急激に悪化。自分の代で赤字を出すわけにはいかないと、歴代三社長は不正会計に手を染めてしまったわけだ。

この事件について、知人の作家・江上剛氏がこんなふうに教えてくれた。

ウェスチングハウスを買収した役員陣は、バブル期に課長職ぐらいだった人たちであり、彼らはその頃の成功体験をずっと引きずっていて、時代が変わったのにイケイケドンドンで無理をしてしまったのだ。彼らは、どんな難題でもやればできる感が強く、やらない奴を負け犬と思ってしまう。買収による巨額の損失、そして会社全体の赤字も「数字ぐらいどうにでもなるはず！　最終的にプラスにすればいいんだ！」と捉え、悪意なく不正会計に突っ走ってしまったのではないだろうか、と。

私の目にも、歴代三社長をはじめとする幹部たちが、私利私欲で不正会計をしたようには見えない。むしろ、「会社を救うために数字を整えて何が悪い」くらいに思っていたのではないだろうか。

社長という座、幹部それぞれが自分の立場を守るために行った側面もあるだろうが、それよりも「東芝を存続させるために」という思いのほうが強かったのではないか、と思う。彼らは、自分たちのやっていることは「善である」という確信を抱いていたはずだ。

だから、「チャレンジ」「予算必達」と呼ばれるプレッシャーを部下にかけてしまう。私は東芝の産業医ではないから正確には知らないけれども、パワハラやモラハラが存在していたとしても不思議ではないのではないか、とさえ思ってしまう。とにかく目の前の赤い数字を黒くすることに躍起で、将来を見通したり、全体を俯瞰《ふかん》する発想に欠けた視野狭窄《きようさく》状態に陥っていたのだろう。

なぜ死ぬまで人を働かせるのか

この精神構造は、クラッシャー上司のものにとてもよく似ている。

自分は「善である」という確信、他者への「共感性の欠如」ゆえの鈍感性。この二つのポイントは、どんなクラッシャー上司にも見て取れる特徴だと繰り返し述べてきたが、粉飾決算事件をおこした東芝もそうだったのではないかと思うのだ。

「他者への共感性」を「全体の俯瞰力」にでも置き換えれば、そのまま当てはまる。自社は善で、俯瞰力に欠けた鈍感な状態だったから、冷静に考えたら、いつかは破綻する不正会計のヤバさに気づけなかったのである。

東芝のような数字のごまかしをやっている会社は少なくないとも聞く。

違法か合法かはさておくとしても、それをやっちゃヤバいだろうという経営を行っている会社なら、私でも次々と挙げることができる。

過労死事件もそうだろう。

最高裁が過労自殺で使用者である会社の責任を認めた画期的判決を下した「電通事件」は、一九九一年の出来事だ。人事の世界でこの事件を知らない者はいない。

なのに、同社はその四半世紀後、自殺した若い女性社員が労災認定されるという事態を引き起こした。大きな話題になったが、これは氷山の一角かもしれない。

なにもこの会社がとりわけブラックだと言いたいのではなく、一九九一年の過労自殺には会社の責任がありますよと最高裁が認めたのに、いまだ労災請求件数、支給決定件数ともに増え続けている日本の企業社会の異常性を指摘したいのだ。二〇一六年の秋に報じられた労災認定の問題は、その象徴のように見える。

なぜ死ぬまで人を働かせてしまうのだろうか。

なぜ死ぬまで部下を働かせるような上司の存在が許されているのか。

そこには日本型雇用に特徴的な価値観の問題が横たわっている。その価値観のひとつに、激烈な競争社会を勝ち抜くには過剰労働が必須だ、という信念にも近い考え方がある。

過重労働に適応しようとする若手社員たち

厚生労働省「患者調査」の傷病別年次推移でも、「気分［感情］障害（躁うつ病を含む）」の総患者数は、約四三万三〇〇〇人（一九九六年度）→約一一一万六〇〇〇人（二〇一四年度）と増えている。ストレスが原因で発症しやすい他の精神疾患を加えたら、患者数はもっと多くなる。

第一章の事例1の紹介で、最近の若者のうつも他責的な未熟型ばかりではなく、従来からある自責的なメランコリー親和型のほうがずっと多い、と書いた。クラッシャーAの過剰な要求にも懸命に応えるべく頑張った被害者Fのような真面目社員が、今でも決して少なくないのである。

また、今でもたいていの会社は、メランコリー親和型の、努力をして結果を出すことに喜びを覚え、秩序志向性の高い若者を好んで選抜する。未熟型を間違って採用しないことには神経を使っているが、働きすぎると消耗してうつ病になるような滅私奉公タイプの危うさにはまだまだ無自覚だ。

滅私奉公だなんて戦時中の軍隊じゃあるまいし、と思われるかもしれないが、従順な頑張り屋は使いやすいので、どの会社にとっても、本音では「必ず数をおさえておきたい人材」なのだ。

そして、滅私奉公して右肩上がりの経済の時代に出世した人たちが、今の会社の上層部を占めているのだから、自分らに似た滅私奉公してくれそうな若者を部下に欲しがるのは、自然なこととも いえるのである。

結果、過重労働を強いても、その環境に順応しようとするタイプが、若手社員のボリュームゾーンを占める。

若手でもそうなら、ベテランはもっとそうで、過重労働に耐えられない社員はすでに会社を辞めている。残っているのは、良くも悪くもハードワークに耐性のある中高年社員たちで、懸命に働き続けるうちに、滅私奉公することが善であるという確信をより強く抱くようになった人々なのである。

何のためにそれほど働くのかと問われたら、会社のため。会社のためとはどういうことかと聞かれたら、会社の上司に評価されるよう頑張って働くこと。そう心の中で思っているのが大方の会社員たちだ。

つまり、自分の中にある承認欲求をうまくドライブさせる。それが、日々のワークモチベーションの土台になっている。

日本の企業の雇用は欧米と違って「メンバーシップ型」

労働政策学者の濱口桂一郎氏によれば、日本の会社、特に大企業の雇用は「メンバーシップ型」であるという。これは欧米の雇用スタイルの「ジョブ型」に対置される。

ジョブ型では、それぞれの職務ごとに従業員の働く時間や働く場所が決まっており、労使ともその理解の上で雇用を成り立たせている。

職務範囲が明確なので、たとえば、上司が「納期がぎりぎりだから、今夜は係長の仕事を手伝いなさい」と言ってきても、部下は「それは私の仕事ではないからできません」と断ることができる。仕事に人がはりつく形で働くことを基本にしている。

対してメンバーシップ型は、人に仕事をはりつかせる。職務範囲は曖昧で、働く時間、働く場所は固定されていない。

法の定める範囲内での残業は無限定で、転勤の辞令が出てもそれを社員が断ることはできない。就職ではなく、就社して働くと表したほうが実態に近く、ＯＪＴ（オン・ザ・ジョブ・トレーニング）と定期異動によって、会社側が社員の向き不向きを見極めながら、もろもろの社内政治も考慮して、相応の職務やポジションに就かせていく。

メンバーシップ型の雇用における正社員の採用は、会社という家庭に新しい家族を迎えるようなものだ。だから、その人が持っているスキルなどよりも、その人となり、いわゆる「人間力」を評価する。

人間力なんてものはそれこそ曖昧で、見る人によって評価点も違ってくるわけだが、たいていは「自分の部下にしてもいい人」を選びたがる。その意味は「使いやすい人」に限りなく近く、「従順な頑張り屋」は最大公約数イメージになる。

だから、メンバーシップ型雇用の日本の企業では、滅私奉公することが善であるという価値観が共有されやすい。いくらノー残業デーだ、サービス残業禁止だ、と叫んだところで、その実効的な意味は薄い。労働基準監督署の調査が入って、残業代未払いの是正勧告が出たとしても、会社は社員に何時までに帰れと命ずるだけだ。

端末のログイン／ログアウトを簡単に調べられるから、決められた時間までに全員が帰宅するようにはなる。けれども、それで一人当たりの仕事量が減るわけではない。ワークシェアリングを行うのではないので、必然的に風呂敷残業が常態化する。会社の外でもできる仕事を持ち帰り、自宅で深夜まで、土日や祝日なども働く時間が増えるのだ。

時間をかけることによる新たな発見

会社側ばかりの問題を指摘し、不当な搾取を批判しているように読まれるかもしれないが、ことはそれほど単純でもない。

ある大企業の研究所のマネージャーからこんな質問をされたことがある。

「うちの研究所は残業を多くしてはいけないということで、夜の八時には帰らせているんです。でも、若手の研究員たちが『私たちは元気だし、研究をもっとしたいから、十二時くらいまでは残業をさせてほしい』と言ってくるんですが、そういうときはどうしたらいいんですか?」

聞きながら、それを考えるのがマネージャーである貴方の仕事では、と苦笑したのだが、部下自らもっと働きたいという声が出る職場も少なくはないのである。

これが中高年社員になったら、もっと抵抗を示す。メランコリー型のうつ病になった中年社員に、私が強制的に「仕事は半分にする。残業は禁止です」と言うと、彼らは「ええ?」と驚いた顔をして、すごく不安がるものだ。

それまでノルマノルマ、納期納期と、降ってくる仕事を相手にがむしゃら格闘してきた彼らである。うつ症状を呈しているのは明らかに過重労働のせいなのだけれど、その働き方は風速三〇メートルの向かい風に対して、「ウウーッ」と歯を食いしばりながら抗《あらが》って前に進んでいるようなものなのだ。そうしているうちに、ゴミが飛んでくる。看板なども飛んできて身体に当たり、「おお～」と倒れて大怪我をしてしまう。

その怪我を治すには、まず風の吹いていないところに移動しなければいけない。休業が必要なのである。そして、体力が戻ってきたら、風量の少ないところで仕事をしてもらう。上司と私とが連携して、時短勤務などの策をとるわけだ。

すると、やっと職場に戻れると喜んでいたワーカーホリックな中年社員が、不安を感じる。以前は、風速三〇メートルの向かい風に対して、前のめりになって歩いていた。その風の量が減ると、彼らは姿勢が崩れて倒れてしまうような気になるのだ。

そこをなんとか理解してもらい、風速五メートルくらいの職場で働いてもらう。そのようなステップを踏んでもらうと、たいていみんなきちんと歩き出して、こう言う。

「あ、なんか自分の足で歩いている感じがします」

彼らはおそらく、そこで初めて自分の主体性というか、能動性といったものに気づいたのだと思う。同時に「これでは仕事の量が足りません」とも言うのだが、「でも、先生、今までだったらチャッチャと片づけていた簡単な仕事を、こうしてじっくりやってみると、その面白みがわかってくるものなんですねえ」と感心してくれる。

単純でくだらないと思っていた仕事でも、時間をかけて向き合うことで、そこに多くの要素があることを発見し、その発見が面白いから能動的に働き始めるのだ。そうした感覚を、たとえば半年間の時短勤務で身につけて、次に以前の風速三〇メートルの職場に戻ってもらう。すると、彼らはそこでも割としっかり歩けるようになる。

「滅私奉公は善である」

話が若干逸《そ》れたが、滅私奉公することが善であるという価値観が、それだけ日本の企業社会に根強く残っていて、その価値観に染まっている社員も多いということだ。

この価値観の起源は、相当昔まで遡《さかのぼ》れるものだと思う。司馬遼太郎の指摘のごとく、「いざ鎌倉」に始まる「名こそ惜しけれ」の武士の美学が根底にあるのかもしれない。自らを滅ぼしてでも、主君・公に尽くさなければならない。我が身可愛さで公に尽くさないことは恥である、と感じる精神構造が内在している。

それらが根底となって、「会社のためには」残業を厭《いと》わず、自分の身を滅ぼしても忠誠を尽くさなければならないという考え方を無意識に起動させる。ハラスメント的に過重労働を強要してくる現代日本の管理職の多くには、自分のやっていることは実は善であり、美徳であるという思いが、程度の差こそあれ、存在しているのだ。

しかし、彼らはこう言うだろう。

「私は安全配慮義務について知っている。ハラスメント研修も受講して良く理解している」

「この労働は自分の出世のためというよりも、義理のあるこの会社への奉公なのだ」

「健康を維持するために仕事を二の次にして帰宅することで、業績が上がらなかったとすれば、それは同僚との競争に負けたということではなく、自らの果たすべき責務を全うできなかったという恥なのである」

エネルギーを消耗し尽くすまで力を出し切らないことは美しくない、という熱闘甲子園的な感覚を私たちは長らく共有してきた。そしてそれは、現代においても、そのような感覚で生きてきた親に教育された若者の一部に、なお、存在している。

したがって、ハラスメントをされても、実はうちの上司は、「私のために、正しいことを教育してくれようとしている」と受け取ってしまい、抵抗のできない若者も一定数出てくるのだ。

彼らは、ハラスメントと過重労働の下で、ぎりぎり耐えながら、恥を忍ぶあまり援助希求ができずに一人で苦しみを抱え込み、あるとき、限界点を迎え、うつの発症や自殺にまで至る。このようにして世間一般で「真面目」と言われる人々のメンタル不全の早期発見が遅れるのである。

日本の「甘えの構造」

このような滅私奉公の価値観に加え、日本にはかつて土居健郎《どいたけお》が唱えた「甘えの構造」がある。

体面に拘ってソトには礼儀正しく弱さを見せず、しかし、ウチには「黙して語らず空気を読め」といった無配慮、「会社のために働いている者の苦労を慮《おもんぱか》れ」と一心同体を強要する精神構造が働く。要は、同調圧力がかかる。

その結果として、部下には極めて無配慮に過重労働を強要し、「俺がいじめているのではないことはわかっているはずだ。どんなに厳しくしても、これは愛の鞭だと理解しているよな」という大きな誤解、「甘え」の上に胡座《あぐら》をかく。

近年では成人期の発達障害が増加している。発達障害の特性のひとつに、コミュニケーション形式の特殊性があり、空気が読めない、阿吽《あうん》の呼吸がわからない大人も少なくない。

そんな非定型発達特性を有する人々は、特に、「甘えの構造」の中で生きている上司たちからは評判が悪い。上司の暴力的言動の背景にある（と上司は思っている）愛の鞭に、彼らはまったく気づけない。それはそのまま暴力と思われるのである。

そうやってコミュニケーション上のすれ違いが生じ、双方の誤解（正確には上司の勝手な解釈）からストレスが昂じてくる現象も見逃せない。

いずれにせよ、滅私奉公や「甘えの構造」の精神的土壌がメンバーシップ型の閉じた企業社会の中に残っているので、部下を潰しながらのし上がってくるクラッシャー上司を罰することもできないのである。

メンバーシップ型の雇用は、働く時間と働く場所を社員が選べないかわりに、いったん就社したら定年までそこで働ける、終身雇用的な面倒見の良さを会社が保障してきた。雇った社員の出来がどんなに悪くても、建前上はクビを切れない、実際にも解雇をしにくい制度で長年やってきた。

クラッシャー上司が部下をネチネチ追い詰めるのは、憂さ晴らしに他ならないと説明してきたが、それは気に入らない部下でもクビを切ることができないから、ともいえる。終身的に面倒を見る閉じた構造の中で、パワハラが高度に陰湿化してモラハラとして、言葉の暴力が振るわれるのである。

これが欧米だったら、「辞めます」になるのだろう。ジョブ型の雇用社会では、終身的に同じ会社で働くという発想があまりなく、理不尽な扱いをされた部下は自ら辞めて、その上司を訴える。ゆえに欧米の会社では、クラッシャー上司が生まれにくい。

世界的な調査があるわけではないので、断言はできないが、クラッシャー上司に相当する人間が会社の中にこれほどいるのは日本ぐらいではないかと思う。それは、世界でも珍しいメンバーシップ型の雇用を慣行としているからだ。

メンバーシップ型のメリットが実感できない時代

もちろん、メンバーシップ型の雇用自体が悪ではない。さまざまな職場を定期異動で経験し、それぞれの現場のＯＪＴで社員を育成していくやり方は、職能訓練として合理的だ。

そしてなによりも、終身的に働けることの保障は、社員に安心感を与える。その安心感の上に、上司から認められたいという承認欲求が生まれ、そこが満たされるとこんどは世のため人のためになる仕事をしたいという自己実現の欲求も芽生える。いい意味での、会社への忠誠心も育みやすい。

しかし、だ。

近年はそのメンバーシップ型のメリットがあまり実感できなくなった。

具体的には、二〇〇八年のリーマンショックあたりから、中高年の早期退職や解雇がどんどん増え、新卒採用の枠が狭まり、非正規雇用の枠が広がり、メンバーシップ型の雇用が綻《ほころ》び始めたのである。

終身雇用制の崩壊というフレーズが方々で飛び交った。たしかに一時期、就職できずにフリーターや派遣社員になる大学新卒者がぐんと増えた。正規雇用されても、定年まで勤められるというイメージが描けない。年金をはじめとする社会保障も危うく、会社で働く人々が安心感をもてない。そんな時代になった。

社員たちの気持ちを端的に表せば、「いつクビを切られるかわからない」。

こうなるとメンバーシップ型の雇用で働くありがたみが著しく減じる。会社員たちは、自分の生活を保障してくれるわけでもない会社に対する忠誠心を失い、滅私奉公をしなくなる。忠誠心を失えば、会社の利益のために頑張って働くことが善であるという価値観は成り立ちにくい。

「努力しても報われない」と感じる若者たち

特に若者は敏感だ。彼らは、努力しても報われないお父さんや先輩たちの姿を子供の頃から見てきた。

「親父、努力したって、結局リストラされてるじゃん。だったら、努力してもしょうがねえじゃん」という感覚も広がってきて、働く前から、努力報酬モデルを信じない層が出現した。

未熟型うつの激増は、こうした雇用環境の変化と連動している。ギャングエイジ体験の不足など、個の成長の問題もあるが、成熟してもいいことがなさそうな世の中だから、未熟なままでいるほうを選ぶ人が増えた、という側面も大きい。

一九八五年生まれで、東京大学の大学院に在籍中、ウェブサービスの開発を始め、起業をするも失敗。仕方なく就職した若者が、二〇一四年に面白い本を出している。中身はともかくとして、書名の『あ、「やりがい」とかいらないんで、とりあえず残業代ください。』がいい。

これは昨今の若者の感覚を的確に捉えていると思う。この書名を見たときに、「わかる!」

と思うか、イラッと感じるかで、その人が今どの時代に生きているか、すぐに判定できるだろう。イラッと来たら、二十年は遅れていると考えていいだろう。

市場がシュリンクして、以前のような高収益をあげられなくなり、残業が増える一方、そのぶんの金銭的報酬を出せない。そんな会社はかわりに仕事の「やりがい」を強調しがちだ。本の著者である若者が働いているソフトウェアエンジニアの世界もそうだし、飲食、介護など人手不足の業界は、ことさらにそうである。数十年前の精神主義のようなことをよく唱える。

本当に消費者は新製品を求めているのか

人気の大企業も、その傾向は同じだ。

結局、風呂敷残業を強いてしまうような労働量の多さに、大手企業の社員のほとんどが日々追われている。市場縮小に抗って、無理やり需要を作ろうとするから社員たちの負荷が高いのである。

食品でいえば、スーパーやコンビニなどのプライベート・ブランド製品が増えている。それらの製品の中身を作っているのは、誰でも知っているような大手メーカーであることも珍しくない。大手も準大手も中堅もライバル関係になって、新製品を次々と開発、流通業者を納得させせなければならない。

ある食品メーカーの開発部の話を聞いていると、尋常ではないスケジュールで納期に追われている。プレゼンのプレッシャーは大変強く、その準備で深夜残業続きが珍しくない。老舗《しにせ》の大手メーカーも力のある流通業者の言いなりになっている。

それで何を作っているかなのだが、仮に洋菓子だとしたら、これまでの洋菓子と必死で差別化を図り、結果的にそれほど違いのないケーキを「特別なケーキ」というパッケージングで世に出そうとしている。本来のニーズはすでに出し尽くされていて、新しいニーズを無理してひねり出している感じなのだ。

高度消費社会というのはそういうものなのかもしれない。だが、そんなに落ち着きのない新製品を消費者は本当に求めているのだろうか。目新しいものが売っていたからとりあえず買ってみる、という消費行動はするとしても、その商品をリピートする人が多いとは考えにくい。実際に、リピーターは少ないのだろう。だから、飽きられないうちに、どんどん新製品を打ち出していく。

おかげで、メーカーの開発の現場は、てんてこ舞いだ。自社の技術をフルに活かしたおいしい製品を作ることが食品メーカーの矜持《きょうじ》であるはずだが、そんな理想的なことは言っていられない。できることならなんでもやる、しかもスピーディーに、そして安価に、真新しい新製品を生み出すことで手いっぱいなのだ。

クラッシャー上司であることが許されない時代に

無事プレゼンを通過した新製品を、できる限りたくさん売り込まなければならない食品メーカーの営業マンも大変だろう。

流通業者だって、たくさんのメーカー相手に交渉を繰り返すのは楽じゃないだろうし、飽きられない棚を作り続けるのは至難の業のはずだ。

消費者であるお客は、新製品を購入して、ちょっとは楽しいかもしれない。でも、そんなにいろいろ要らない、定番モノの品質を向上させてくれたほうが嬉しい、と思っているお客だって少なくないだろう。新製品ラッシュを、「お、次はこう来たか」とまるでゲームを眺めるように、第三者的に突き放している人が大半なのではないか。

だとしたら、誰もハッピーになっていない。新製品一つが生まれるまでに、過剰労働で何人が倒れているかわからないというのに、その経済活動で得をしている人がどこにもいないような気がしてくる。いるとしたら、投資家くらいか？

たとえアウトプットされるモノやサービスがどんなに高品質低価格であったとしても、生産プロセス全体に無理が生じていれば、そのビジネスを手離しで素晴らしいとはいえない。それは結局、どこかの職場の仕事にひずみを生み、過度なプレッシャーで誰かを潰してしまうことにつながるのだろう。すると、精神科産業医としてはどうしても批判的にならざるを得ない。

市場原理としてそれは必然だと言われても、ああそうですねと、あっさり納得するわけにはいかないのだ。『あ、「やりがい」とかいらないんで、とりあえず残業代ください。』という若者の感覚も、過剰に人を働かせることを問題とせず、むしろ滅私奉公を善とするような企業社会の価値観への異議申し立てだと思う。

話が飛ぶようだが、ここ十年、二十年で、職場のセクハラやパワハラの認知は相当進んだ。パワハラがすぐに問題化するため、アンダーグラウンド化してモラハラになった面があるにせよ、人が嫌がるようなことをしてはいけない、というごくごく当然の話が、ビジネスの場面でもようやく常識になってきたのである。

それはクラッシャー上司を生んでしまうような企業社会の鈍感性に、働く人々が気づき始めた表れでもある。以前もパワハラ上司ならいくらでもいたが、そういう人は「カミナリ上司」「モーレツ課長」「鬼部長」と呼ばれるぐらいで問題視はされなかった。

上司から理不尽な叱責を受けても、頑張れば給料は上がるし、出世もしていける。仕事の成果が今よりも出しやすい時代でもあった。だから、とんでもない目に遭っても、事例3でクラッシャーCのいじめに遭っていた課長Hのように、「ああいう人もいるんだと割り切ればいい」と我慢していればよかった。それがオトナの態度で、結果的には自分の利にもなった。

けれども、経済成長の鈍った、あるいは止まった社会になると、我慢したぶんの見返りすらない。クラッシャー上司の部下に配属されたら、ただひたすら辛い思いをするだけの会社員生活となる。そんな状況になってはじめて、「あの人は問題なんじゃないか」という意識が生まれる。

それまでは、自分を善だと確信している鈍感な上司の暴力性が、会社全体の鈍感さの中に埋没していたのだ。当時だって、ハラスメントでメンタル不全になった部下もたくさんいたはずなのだが、「うつなんていうのは精神力のひ弱さにすぎない」ぐらいの認識で集団から排除されていたのだろう。職場のメンタルヘルスの意識が非常に低かった。

さほどに粗野で勢いだけはある日本人だったから、高度経済成長という奇跡を成し遂げたともいえるし、もう低成長時代に入っていたのにバブル経済で踊ってしまったのかもしれない。

いずれにしても、今はもうそんな時代ではない。

パワハラもセクハラも許せないし、アングラ化したモラハラも問題だとみんな思っている。意識がそのように変わったので、クラッシャー上司の存在があぶり出されてきたのだ。私の中で「クラッシャー」の概念が生まれた十五年前には、「あの上司はおかしい」という感覚を持った人々が、すでにけっこうたくさんいたはずだ。

イノベーションを起こす必要性

一部の企業は、すでにクラッシャー対策を立てようとしている。私に相談をもちかけてくる企業は少なくとも問題意識を持っている。

本気でクラッシャー問題に取り組もうとしている企業には、ひとつの共通項がある。単なるキャッチフレーズで口にするのではなく、本当に「イノベーションを起こす」必要性に迫られている企業だ。

例を挙げるなら、化学メーカーがそうだろう。中小規模なら昔ながらの製品をこつこつ売ることで、どうにかやっていけるかもしれない。が、大手になると、ドカーンと世界的に売れるような新製品を生み出さなければ立ち行かなくなる。化合物探索の段階から製品化までの成功確率は非常に低い。大きな開発資金を投じ、気の遠くなるような回数のトライ&エラーを繰り返し続けて、ようやく売れるかもしれない製品ができあがる。大ヒットを期待するなら、確率はさらに低い。

資金力のある化学メーカー同士が、アタリのめったに出ない博打で競い合っているようなものだが、その確率を少しでもあげようと、各社とも必死に模索している。

そうした「イノベーションを起こす」必要性に迫られている企業に今、相談を受けた場合、私は次のように幹部たちに話している。

画期的な商品やビジネスモデルを生み出すには、今、デキる社員ばかりを重用してはいけない。会社の組織をきちっと維持していくことに貢献するデキる社員もたしかに必要だ。だが、そうした社員ばかりが幅を利かせるような組織は官僚構造で固まってしまっているのであって、そこから新しいものを生み出す人材は出にくい。

若手が会社への忠誠心を持ちづらい理由

アメリカの心理学者アブラハム・マズローのモチベーション理論では、人の欲求は五段階の層からなるピラミッド形をなしており、一番下に「生存」欲求、その上に健康や金銭面などでの「安定」欲求、そのまた上に組織への忠誠や家族愛などの「所属・親和」欲求、さらにその上に、自信や達成感や地位などの「承認」欲求が位置している。

このマズローのピラミッドを理解する上で大切なのは、下位の欲求が満たされないと上位の欲求は出てこないという点である。

まず命を保障する「生存」欲求が満たされていなければ、健康や金銭面などの「安定」を欲するどころではない。

同様に、健康や金銭などの「安定」欲求が満たされていなければ、組織への忠誠や家族愛などの「所属・親和」欲求は出てこない。これは先に紹介した『あ、「やりがい」とかいらないんで、とりあえず残業代ください。』に近い話だ。会社勤めの人でいえば、給料がまともに支払われなければ、会社のためにはもちろん、仕事のやりがいのためにも頑張れないのである。

そして、組織への忠誠や家族愛などの「所属・親和」欲求が満たされてようやく、自信や達成感や地位などの個の「承認」欲求が出てくる。この会社のために頑張っていこうと思えてはじめて、この会社で自分が認められたい、という欲が出てくるのである。

ベテラン社員は、老後にどうにかやっていける退職金と年金がもらえる逃げ切り可能世代であっても、若手や中堅にとってそれはもう叶わぬ夢なのだ。「安定」レベルに不安を抱いている社員たちに、会社や所属組織に対する忠誠心、仕事の達成感の喜びや出世の醍醐味《だいごみ》をなぜ求めぬと言っても、半ば詮方ない話なのである。

クラッシャー上司はイノベーションの芽をつぶす

ただ、そうした「承認」欲求レベルでバリバリ働いている人たちでも、そう簡単には「イノベーションを起こす」ことはできない。言葉は悪いが、上の顔色を窺っているような人に、想定外の創造的アクションは起こせないということだ。

もうちょっとていねいに言うと、「この部署は、俺が、俺のやり方で引っ張ってきている」と胸を張って言える社員は、その人の能力のサイズまでは確実に業績を上げられる。だが、その人が想定できないような爆発的な成功というのは、「俺のやり方」では絶対に収められない。突破するには、その人のサイズを超えなければならない。

いわゆるイノベーターは、「承認」欲求よりもう一段上の、「自己実現」や「真善美」の欲求を強く持っている。それは、偏見なく事実を受け入れて、問題を正しく解決し、持続的に、自発的に創造していく態度を前提とする。

イノベーションが起きるところには、そうした高次の欲求に導かれる、新しい商品やビジネスモデルの種、荒削りなシーズを見逃さない眼がある。

シーズを持っているのはたいてい若者で、それに気づいた上司が「あ、なるほどね」「いいこと考えているね」と評価し、「この発想を伸ばしていくにはどうしたらいいかな」と伴走することで、イノベーションへの突破口が開ける。

だから、イノベーションを起こすには、まず、若者からどんどんシーズを引き出し、それを上司が持っているスキルでまとめ、共に実現させていくというプロセスが不可欠なのだ。

であるからして、そうした構造とは正反対のクラッシャー上司がいるような職場からは、イノベーションが起きることはないだろう。どんなにデキる上司が部署を率いていても、その人がクラッシャー的では、若者が持っているシーズに気づくことすらできないのである。

いや、クラッシャー上司にしたら、承認欲求レベルを超えたところで働きたい若者なんていうのは「お花畑の夢を見ている現実知らず」程度にしか映らないだろうから、貴重な人材を潰しにかかりかねない。

クラッシャー上司自身がイノベーションを起こせないのは仕方ないとしても、その芽を踏みにじるような行為をする者は是正されるべきである。

情緒的共感性が必要

クラッシャー上司は、自分のやっていることが善であるという誤った確信を持っている人だから、自分と異なるタイプの部下を排除しようとする。クラッシャーが力を発揮するような職場や会社では、人材の多様性が貧弱になっていく。

イノベーションのシーズは、多様な人材を積極的に活用しようというダイバーシティの考えを実行している組織であるほど、見つけ出しやすい。そうした組織において、上司である立場の者は、自分とは違ういろいろな部下がいて当然という感覚と、違うタイプの部下の思いも汲み取り、支えていく共感性が求められる。

情緒的共感性ばかりが強い組織でも、もちろん強固ではない。すぐ情に流されて、すべきこともできないようではいけない。論理性と情緒性をバランスよく備えていることが大事だ。

ただ、これまで述べてきたように昨今の会社は余裕がない。効率性ばかりを追い求め、そこで働く者の思いを軽視している嫌いがある。だから、情緒的共感性の必要をあえて強調したいのである。

従来の日本企業には、家族的な会社が多くて、情緒性にも満ちていたとイメージする人が多いかもしれない。が、その見方に私は違和感を覚える。

たしかに、モーレツサラリーマンがバリバリ働いていた高度経済成長期、二十四時間働けますかとイケイケドンドンやっていたバブルの頃、その勢いがそれなりに続いていた九〇年代くらいまでは、会社と社員との間に一体感があったかもしれない。

だが、その一体感の中に情緒的共感性が機能していたかどうかは、かなり疑問だ。共感性よりも同調圧力のほうが強かったのではないか。

家族も犠牲者になっている

一九六〇年代から約四十年間、日本の企業は、メンバーシップ型の雇用の仕組みがプラスに機能していた。終身雇用的、年功序列的な報酬と地位を与えられ、メンバーシップ型のメリットを存分に享受できたのは、この四十年間の初期に新卒で就職した、現在六十歳～七十歳の世代だけとも言われている。ただ、この世代の成功体験が非常に強かったために、今でもメンバーシップ型の雇用の構造と価値観が残っている。

日本の会社の新卒採用で求めてくるのは、学歴と人間力だ。

ジョブ型の欧米の会社だと、人間力に相当するのは最低限の常識と組織に反しない適応力くらいのもので、人間性についてはさほど問わない。たとえ未熟であっても、会社の価値観とその人の人生観が違っていても、ジョブの能力さえあれば、まあ良しとされる。

そうしたある意味、割り切った考え方に対し、日本の会社が求める人間力というものは、群れる力のようなものだ。口では「個性を求める」と言いながらも、それは群れが仲間と見なせる範囲内での個性でなければならない。

また、先述したように、日本の会社はなんだかんだ言って滅私奉公に価値を置いている。「会社のために」というお題目のもとで自己犠牲を払うことを美徳とし、業績悪化で打つ手がなくなっても、社員全員が竹槍を手にして立ち向かうのが会社というものだ、といった価値観がある。

その価値観についていけない社員も、「会社のためだ。わかっているな」と強要する同調圧力がいまだに強く働いている。

そんな「会社のために」というお題目で犠牲になっているのは、潰された社員たちだけではない。ここで新たに大きな問題を扱いたいのだが、メンバーシップ型の日本の会社は、社員の家族を実は切り捨てて成り立ってきたのではないか、と私は考えている。

クラッシャーXの事例を紹介した第二章の最後に、私はこう書いた。「クラッシャーの家庭は実質的に崩壊していることが多い。子供は不登校や非行、妻はうつ病やアルコール依存症などになっているケースがある」と。

そうなのだ。「会社のために」家庭を顧みないお父さんの犠牲者として、その子供や妻といった存在が挙げられるのである。

事例5　家庭も壊したケース

もうひとつケースを紹介したい。クラッシャーの事例5だ。

クラッシャーDは、メーカーで地方営業所次長を務めている四十七歳の会社員だった。

Dは、ある日、自分自身で精神科クリニックを受診しにやって来た。そして精神科医に、

「朝起きると憂うつでたまらない」「仕事は山のようにあるのだが、一切やる気になれない」と訴えた。

食欲もここ数カ月落ち込んで、体重が八キロ減ったという。睡眠は、夜十二時過ぎに床に入っても、二時間以上は起きていて、三時頃にやっと寝付く日がほとんど。寝付いても明け方五時には覚醒してしまい、そのままぼーっとして、朝七時に出社している状態だという。診断はうつ病、抗うつ剤の投与が開始された。

精神科医がこれまでの経過を聞いたところによると、三年前に妻と離婚したそうだ。当時は、成績不振の地方営業所に配属、それと同時に次長に昇進し、仕事がたいへんきつく、家には寝に帰るだけだったという。

深夜一時頃に帰宅、妻の作り置きの夕食をとりながら飲酒し、その勢いで寝る毎日であった。土日もほとんど出社していたという。本人が述べるには、「家庭を顧みなかったために離婚された」とのことである。

二週間の抗うつ剤の投与でも、状態は改善されない。そこで精神科医が、Dの睡眠について詳しく聞くと、かなりの量の飲酒をしていることが判明。抗うつ薬とアルコールの併用は禁忌である旨を説明しても、Dは「アルコールを止める自信はないので、それならば治療を止める」と言い出す。

その投げやりな態度を受容しながら話をじっくり聞いていくと、二度、自殺未遂を試みたことがあると語り出した。そしてこう述べた。

「社宅に帰っても一人だし、こんな寒い土地で、仕事で疲れて暖房も灯りもついていない家に帰っていたら、生きていく意味なんてわかりませんよ」

「これまで二十五年間会社のために働いてきたけれど、この人生はなんだったのか？」

「生きている意味を感じられない」

希死念慮（自殺願望）を伴う中等症のうつ病のため、一カ月の休養が必要と診断。会社を休むように勧めたところ、翌週は、上司の所長とともに来院した。

離婚の理由

所長が述べるには、「もとはモーレツ社員だった。モーレツ過ぎて、部下に対して大変厳しかった。その当時は、まだパワハラの概念もなかったので、大きくは問題視されなかったが、今であれば確実なパワハラでしょう。彼は、確かに営業の数字は上げてくるが、部下二名がメンタルで潰れたんですよ」と。

さらに所長は、Dの離婚の経緯についても、「内々に」と前置きして以下のように述べた。

「実は、アルコールを飲んで、奥さんにDVをしていたらしい。当時は奥さんからも相談を受けていたのですが、家族の問題にはなかなか踏み込めずにいました。そして、彼が二週間の海外出張から社宅に戻ったら、もぬけの殻になっていたんですよ。奥さんは子供と家財道具を持って実家に帰ってしまったんです」

その出来事以降、一時期のDは、それまで以上に仕事に打ち込んでいた。が、じきにイライラとパワハラが激しくなり、部下が辞めてしまったのだ、という。

そして、徐々に飲酒量も増え、出社時にアルコール臭がプンプンするようになった。何回か注意したが、改善せず、次第にミスや打合せのすっぽかしなども増加し、現在の元気のない状態に至ったと、所長が経緯を説明してくれた。

本人は、次のように述懐した。

「妻の不満には全く気づきませんでした」

「私は、家族のため、都内に購入した一軒家のローン返済と子供の教育費のために、一生懸命働いてきたんです」

「確かに、妻に対する暴言暴力がなかったとは言わないが、それは、これからの家族のため、妻の生き方考え方を是正するためにしたものです。悪意はまったくありませんでした」

「妻もそれは理解して反省してくれていると思っていました」

「辞めた部下にも厳しかったことは認めるけれど、それも良かれと思ってのこと。悪意やイジメの気持ちは一切ありませんでした」

共感者、支援者の存在が重要

それからしばらくして、産業医との面談で、Dは「退職を決めました」と告げた。

だが、原則として、メンタルを病んでいる期間中の重要な決断は保留させるべきである。正常な判断ができない場合があるからだ。だから、産業医は、さらに一カ月の自宅療養をするように薦めた。本人はしぶしぶ納得。

「自宅にいても何もすることがない」「家にいると虚しくてまた自殺したくなるので、むしろ出社していたい」と言う。が、会社はそのような状態で労務提供を受けることはできない、と人事課長がDに説明した。

そして、精神科医の指示のもと、十分に療養をして、産業医との定期的面談を経て許可が出たら、リハビリ勤務から復職へむけて段階的に準備していくということになった。また、自殺をしない約束をし、会社も上司もできることはなんでも相談に乗る旨をDに伝えた。

しかし、そこから三カ月を経ても、Dの体調は回復しない。抑うつ気分が長く続き、日々虚無感に苛《さいな》まれ、少々の意欲は回復してきたものの、出社の意欲はまったく出ないという。

精神科医の薦めで、自宅近くでリワーク・プログラムを実施している施設の見学に行ったが、とてもあんなものには参加する気にはなれないと拒否。簡単なデスクワークなどを行うプログラムが、バカらしく見えたそうだ。かといって、会社に復職して働きたいとは思えない。

そのような日々が十カ月続いたある日、Dは産業医に辞表を手渡そうとした。

「ものごとの道理を正しく判断し、その判断に従って正しく行動する能力」に問題がある場合は、辞表を受け取るべきではない。産業医はその場では辞表を受け取らなかったが、後にDは精神科医から判断能力に問題はないとの診断を受け、会社からの再三の慰留にもかかわらず退職した。

精神科医によれば、その時点での彼の認知はほぼ正常で、「うつ」もほぼ回復していると考えてよいとのことであった。しかし、もはや彼は復職の道を選ばない。東北の田舎に帰り、退職金の一部で実家をリフォームし、一人暮らしの母親と暮らしながら、ささやかながらも農業をして暮らしているという。

「うつ」の治療においては、本人が誰かに共感され、支援されることがたいへん重要である。この事例では、妻と子供から完全に見放され、Dに共感してくれる人は誰もいなかったのである。中年以降の「うつ」の回復過程においては、特に家族の存在が大きな意味を持つ。

これまでモーレツ社員として、部下に共感することなく、パワハラをしながら強引に働いてきた彼は、「うつ」になって今度は逆に、自分が誰からも共感されないという事態に陥り「うつ」が長引いた。そして実家に帰り、どんなことがあっても絶対に見捨てることのない唯一の支援者（絶対的支援者）である母親に共感され、「うつ」から立ち直っていったのである。

傑作ドラマ『岸辺のアルバム』

この事例を知ったとき、私は『岸辺のアルバム』を連想した。山田太一脚本の名作ドラマである。今回あらためて観たのだが、内容をかいつまんで言うと、こんなドラマだった（もし、ドラマの内容をまだ知らずにいたいなら、今は五ページ飛ばして一四四ページ末尾から読んでいただきたい）。

杉浦直樹が演ずる田島謙作は、商社で部長職を務めていた。美しい専業主婦の妻・則子（八千草薫）と英文科の大学生の娘・律子（中田喜子）、大学受験生の繁（国広富之）の四人家族で、多摩川沿いのマイホームに住んでいる。

何不自由ないサラリーマンの中流家庭。一見そうなのだが、ひょんなことをきっかけに、貞淑な妻の則子が、レコード会社に勤める都会的な北川徹（竹脇無我）の誘惑で、W不倫関係になってしまう。いつも仕事で忙しく、家庭のことを顧みない夫に対する不満と寂しさが募っていたのだ。

息子の繁が母の様子がおかしいことに気づき、不倫の現場を追跡。大変なことが起きたと、姉の律子に相談するのだが、律子は白人留学生との恋愛などに気が向いていて取り合ってくれない。だが、その律子が白人留学生の友人にレイプされるという事件が起きる。

同じ頃、勤め先の商社の業績が悪く、部長の謙作は、東南アジアから風俗業に就かせるための女性を「輸入」する業務を命じられていた。真面目一本やりで会社のために尽くしてきた謙作は悩むが、この汚れ仕事を引き受けることにする。

そうした父親の仕事内容についても、息子の繁は知ってしまう。その事実と、姉のレイプ事件、そして母の不倫の事実を、ついに繁が家族全員にぶちまける。平和な家族像が偽りであることを激しく批判しながら。

うろたえ、身体を壊す謙作。妻の則子は謙作に罵倒される。でも、寝こんだ謙作の面倒をかいがいしく見続ける。もともと外出の多かった娘の律子は、ますます家から距離を取るようになり、息子の繁は家出をしてしまった。

そんなある日、強い低気圧が近づいてきて、田島家のマイホームのある地域にも雨が降り始める。雨はどんどん強くなり、多摩川の水位が上がってくる。堤防決壊の恐れから、住民に避難命令が出る。

「このうちだけだ。このうちだけが、俺が働いてきた成果なんだ」と家を離れようとしない謙作。

それでも雨は容赦なく降り続け、警察の指示で繁と則子が避難所に移ってから間もなくして、多摩川は氾濫《はんらん》、田島家のマイホームが濁流にのまれていく。繁が必死で持ち出した、家族のアルバム以外、すべてが押し流されていく……。

山田太一自身が書いた新聞小説が原作なのだが、戦後民主主義の平和の象徴のような多摩川沿いの小奇麗な住宅地が、水害で一気に流出する迫力、それと対照的なジャニス・イアンの甘いテーマソングが、登場人物たちをめぐって起こる破壊的な現実をよりいっそう際立たせる。

たしかに今観ても名作なのだ。関心のある方は、ドラマ版をＤＶＤなどで視聴していただきたい。

クラッシャーＤの事例で私が『岸辺のアルバム』を連想したのは、杉浦直樹演ずる田島謙作の鈍感さが相当なものだったからだ。

会社のため、仕事のため、都内に購入した一軒家のローン返済と子供の教育費のため、という「お題目」で、家族一人ひとりの中で起きている危機にまったく気づかない。妻の不倫についても、息子の繋から言われて青天の霹靂《へきれき》といった状態だ。

そして結局、その鈍感さが謙作からすべてを奪う。天罰のように、それまでの生き方が否定されていく。

Ｄが『岸辺のアルバム』を観たらどんな感想を持つのだろうか。まるで自分のドラマのようだと感じるのではないだろうか。

商社の部長職の謙作は、クラッシャーではない。時代の変化を読みきれず、滅私奉公してきた会社も結局倒産同然になるのだが、職場での謙作はそれなりに部下思いのいい上司として描かれている。モーレツサラリーマンではあるのだが、情緒的共感性を持ち合わせていて、まさか部下のメンタルを潰すなどはしない。

だが、こと家庭に対しては、クラッシャーDと同じなのである。Dの述懐のうち、次の四つは、ドラマで健作のセリフだったとしても、まったく違和感がない。

「妻の不満には全く気づきませんでした」

「私は、家族のため、都内に購入した一軒家のローン返済と子供の教育費のために一生懸命働いてきたんです」

「確かに、妻に対する暴言暴力がなかったとは言わないが、それは、これからの家族のため、妻の生き方考え方を是正するためにしたものです。悪意はまったくありませんでした」

「妻もそれは理解して反省してくれていると思っていました」

しかし、謙作の妻は、肉体的なDVこそ受けてはいなかったが、家庭を顧みず、自分の気持ちをわかろうとしない夫に不満を抱き、不倫に走った。クラッシャーDの妻も、反省どころか、子供を連れて実家に帰ってしまった。

一九七七年放送という驚き

驚くべきは、TBS系列でドラマ『岸辺のアルバム』が一九七七年に全国放送された、ということである。今からおよそ四十年も昔のドラマ。なのに、「今観ても名作」なのである。

謙作は飲んで帰ってきたら、着ていたスーツをそこらに放り投げる。妻の則子はそれを拾い上げ、ハンガーにかける。家を出るときも、靴ベラは則子が謙作に手渡す。日曜の接待ゴルフは謙作にとって仕事のうちで、則子もそれは咎めたりしない。家での謙作は仕事の愚痴を言わないが、風呂・飯・寝る以外に何をしゃべるでもない。

さすがにここまでの「亭主関白」は今では許されないだろう。でも、会社のため、仕事のために家庭を顧みない夫はいくらでもまだいる。顧みずに崩壊する家庭は今のほうが多いかもしれない。

物理的に崩壊していなくても、世間に見せている平和な家族像は偽りで、子供が不登校や非行、妻がうつ病やアルコール依存症などになっているケースがあると書いた。

クラッシャー上司の家庭は実質的に崩壊していることが多いのである。『岸辺のアルバム』は、四十年前にクラッシャーの家庭の病理を先取りして描いた予言ドラマのようだ。

日本人の組織への貢献意欲は非常に低い

ただ、一方で、こんなことも感じる。

最近の若いお父さんたちは、ずいぶん家庭に関わるようになったなという思いだ。たとえば子供の運動会にお父さんが行くのは当たり前。それどころか、平日の学校公開や保護者会などに出席するお父さんも少なくない。「イクメン」という流行り損ねた言葉があるが、そんなに張り切ったものではなくても、ごく当然と子供の学校行事に顔を出し、共働きの妻が残業のときに夕食を作るくらいのことも普通にやっている。

私が小学生の頃は、運動会に父親も来る同級生は例外的だった。ここ四十年あまりで、変化した部分も相当あると感じているのだ。

その変化の要因のひとつは、これまで書いてきたように、会社がもう忠誠心を示す対象になりにくくなったことである。滅私奉公しても昇給するわけでも、終身雇用が保障されるわけでもない。家庭を犠牲にしてまで会社で頑張る意味が失われた。

もうひとつ、これは大学の同僚である精神科医の斎藤環《たまき》筑波大学教授がよく言っていることだが、社会が成熟し、個人が未成熟なままでも生きていけるように構造変化したこと。むりやりメンバーシップ型の組織に入らなくても、フリーターのように当座は食べていける社会になった。会社で正社員として働いているお父さんたちは、もちろん、そんな呑気なことは言っていられないのだが、窮屈な会社社会でキリキリ生きるだけが人生というのは違うのではないか、といった意識はかなり広範囲に共有されている。

いずれにせよ、昨今の若いお父さんたちはだいぶ鈍感ではなくなってきた。子供や妻の気持ちを汲めるようになった。

もっと若い世代だと、敏感すぎて、会社社会に馴染めない人が、たとえば未熟型うつという形で顕在化している。うつ症状を呈さずとも、「ボクがこんなに苦しんでいるのに、会社の上のほうはどうしてそこを感じ取ってくれないの」と思っている若手社員はごまんと存在する。

だが、そうした新しい意識に対応できるほど、日本のほとんどの会社は変われていない。

子供の学校行事に出ている若いお父さんたちも、会社に堂々と有給休暇や半休の届けを出しているのではなく、職場のみんなや上司の顔色を窺いながらどうにか都合をつけている、というのが実態ではないか。

では、まだ古い意識でいる社員が生きやすい会社社会なのかというと、それも違う。

近年、欧米の人事の世界では、しばしば被雇用者の「エンゲージメント」の調査を行っている。「エンゲージメント」は、「組織への貢献意欲」といった意味。その度合いを国別に比較した調査がいくつかあるのだが、どの調査でも日本の被雇用者の「エンゲージメント」の高さは最低なのだ。

G8での比較においては、いつもダントツ最低。アジア・パシフィック地域での比較でも、「会社に強くエンゲージしている」+「会社にそこそこエンゲージしている」の割合がやはり一番低くなっている。しかも、「会社に反感を持っている」従業員の割合が全体の三分の一と、非常に高い値を示している。

あれだけ忠誠心が高く滅私奉公であったはずなのになぜ？と疑問に思う人が多いかもしれないが、精神科産業医として日本の企業をいろいろ見てきた私からすると、それらの調査結果に違和感はない。

実は未熟な若者と変わらない

若い社員の意識が変化してきたから、だけではなく、ベテラン層も会社にエンゲージできなくなっているのだ。その理由は明らかで、経済状況が悪化して会社が傾くと、まず大量の中高年者のクビキリが断行されたからである。それまで会社に抱いていた忠誠心が疑念に変化し、もはや反感になってしまっている中高年社員はたくさんいる。

メンバーシップ型の雇用構造から生まれる同調圧力は残っていて、表面上は、あるいは他人に対しては「会社のためだからな」とプレッシャーをかけ合っているのだが、本音ではもううんざりなのだ。

中高年の大リストラでクビを切られず、会社に残った社員たちにせよ、いくら仕事がデキる人でも多忙すぎて疲れている。管理職でもある彼らは、メンバーシップ型の会社であるからこそ、若い社員に十分なＯＪＴの機会を与えて育てていきたいと考えているのだが、その時間的余裕も予算の配分もない。なのに、ないないない尽くしの中で頑張ってしまい、自分を潰してしまうメランコリー型うつ病が増えている。

それに対して元気なのは、そういう面倒なことを考えず、ただひたすら自分だけ上昇しようとするクラッシャー上司たちだ。

うつ病になってしまうベテラン社員たちは、うまくいかない仕事の責任を自分に負わせる。クラッシャー上司たちは、うまくいかない仕事の鬱憤《うつぷん》を部下にぶつけて晴らす。あるいは、あまりにも鈍感で、部下への苛烈な要求が問題を生み出していることに気づかない。

クラッシャー上司は、秩序志向性があって滅私奉公する点で従来型の社員と同じなのだが、共感性が欠如して他責的、とりわけ同じ職場の人間や家族といった身内に対する甘えがあるのは、実は、未熟型うつになるような若者と変わらないのである。

会社のために頑張る真面目な社員が自分をすり減らし、そうした価値観を持たない若者が会社に入ってロクにＯＪＴも受けないまま不適応になる。クラッシャー気質の社員は、そうした真面目な社員や新人たちを潰しながら出世し、それでなくても劣化してきた職場をますます破壊する……。

ジョブ型に切り替えることはできるのか

この悪循環の根っこは、右肩上がりの経済を背景とした努力報酬モデルが成り立たなくなってきたことにもある。社員として採用されたからには、会社のために頑張ったぶんだけ報われるメンバーシップ型の雇用の限界を意味しているのではないか。

であれば、悪循環から脱する一つの方策として、ジョブ型雇用の導入推進が考えられる。職務ごとに従業員の働く時間や働く場所が決まっている雇用契約を、非正規社員だけでなく、正規の社員との間でも交わすのだ。

そうして、正社員＝滅私奉公して当然、という価値観を変えていく。みんながみんな「会社のために」を最優先で働く単一集団のあり方を積極的に崩していき、これまで何度か触れてきた「ダイバーシティ」の理念を実践するのである。

集団のお題目よりも個の意思を尊重した上で、集団の目的を達成するために、個々の戦力をモジュールとして適材適所に嵌め込み、総合力でパワーを増大させる考え方で行く。イノベーションが起きる可能性もそのほうが高いかもしれない。社員個人が持てる力を上司の顔色などを見ずに発揮しやすいし、「出る杭」をまわりがアシストして画期的な武器に作り上げる、という社員同士の協働関係が生まれやすいからだ。

だが、そう言うのは簡単だが、実際に行うのは大変難しいことかもしれない。

たとえば、「ジョブ型」の「ジョブ」はどのように限定すればいいのか。経理職やエンジニアなど、仕事の領域がはっきりした職種はどうにかなる。でも、日本のホワイトカラーサラリーマンのほとんどは、総合職として採用され、総合職として働き、これといった専門性を持たない。

数から言えば、営業職が一番多いだろうが、その専門性を規定せよと言われたら、けっこう悩ましい。営業職の働く時間や働く場所を限定することが、果たして現実的かという問題もある。

常に社外の相手がありきの仕事だ。顧客が「今日中にうちに来てこうして欲しい」とオーダーしてきた際、言われた以上のサービスを迅速に提供してナンボ。営業職はそういうものだと思われている。日本全体のその考え方を変えるのは簡単ではない。

いくら時代が変わったから、イノベーションを起こしやすくするために、と言っても、これまでずっと馴染《なじ》んできたメンバーシップ型をいきなりジョブ型に切り替えよう、と決断する勇気のある経営者はとても少ないだろう。

「滅私奉公は善」という考え方を捨てよ

また、労働者側からも、このような「ジョブ型正社員化」の考えに対する批判がある。

メンバーシップ型の雇用では、働く時間や働く場所の自由が社員にないかわり、そう簡単に会社都合で社員のクビを切れない解雇規制の保証があった。実は建前にすぎなかったとしても、大企業では相応に機能してきたことも事実である。

その解雇規制をジョブ型正社員化の流れが、解雇自由化のほうへ持ち込んでしまうのではないか、と憂慮されている。経営上、致し方なくする整理解雇ではなく、労働者の成績が悪いから解雇することを正当化するための議論だ、という批判だ。

ジョブ型正社員の契約は、業務としてやるべき内容を明記することが前提なので、成績が悪いから解雇できるという話にはならない。

だから、理屈の上では、さほど憂慮しなくてもいいはずなのである。でも、労働者側は疑っている。たとえ法整備をしっかりしても、その運用がちゃんとされるか疑問視しているのだ。

きちんと運用するための仕組みをまた別に考えればいいと思うのだが、ジョブ型正社員化に反対の人たちは、そういう発想をしない。傍から見ていると、彼らも経営者と同じ、変化を望んでいない人たちなのだなと思う。

しかし、である。こうしてジョブ型導入の必要性を感じている私自身も、それを全面的に推せないところがある。

その理由は、前節とこの節で述べたように雇用者と労働者の双方から反対されていることから、現実性に乏しいというのがひとつ。

それと、メンバーシップ型の雇用は、ドライな契約関係よりも阿吽《あうん》の信頼関係のほうを好む日本人の体質に、なんだかんだ言ってマッチしているのではないかと思うことだ。自分の仕事と他人の仕事の境界線をビシッと引くのではなく、互いに協力しあいながら同じ目標に向かって全員で歩むことを良しとする感覚。このマインドセットはそう簡単に変わるものではない。

もちろん、これまで挙げてきたように、メンバーシップ型の欠陥はあるし、その限界が見えてきたところもある。

ならば、できるところから修正していけばいいのではないか。

たとえば、滅私奉公して、会社に夜遅くまで残っていることが善という考え方は、もう捨てるべきだ。そこはジョブ型の人たちが行っている仕事のやり方に学ぶといい。

残業を減らすために

残業に関しては、かつてアメリカのダラスで研究していたころ、こんなカルチャーショックを体験したことがある。

日本人は海外に行ってもよく働く。土日も何かしら仕事をしているし、私は平日休日問わず、毎晩十一時ぐらいまで研究に没頭していた。そうしたら、所属していた研究所のボスからチェックが入り、「土日に出るんだったら、目的をきちっと説明する文章を書け」と言われた。その理由をたずねると、「君がこの施設を土日に使えば、それだけ照明や空調などで電力を使うなど、コストがかかるのだ」。ずいぶん細かいことを気にするなと思ったが、ボスはかなり本気で私に注意をした。

「どうしてもというなら、ちゃんとその説明文を書いて、それをマネージャーが納得したら出てきてよい。納得させることができなければ、それは認められない」

土日もいわばサービス残業して、働き者だな自分は、などと思っていたのを、ボスは褒めるどころか管理職として指導してきた。

マネージャーを納得させる説明文というのは、要するに、土日に研究所を使って生じるコスト以上の成果が出せる業務である、ということの説得である。別に私の身体を気づかっての注意ではなく、あくまで研究所にとっての費用対効果を示せと言われたのだ。

「ええっ、そこかい⁉」と驚くと同時に、目から鱗《うろこ》が落ちた。この割り切った考え方は、働きすぎの日本人をセーブするのにも使えるなと思った。

だから、帰国してからの私は、産業医として企業の管理職から残業問題を相談されると、よくこのダラスの話をして、「決めるのはボス次第ですよ」と言うことにしている。

会社や職場が決めた退社時刻をすぎても働きたいという社員には、プラス○時間働くことの意味を書かせるのもいい。たぶん、ほとんどの社員は書けない。なぜなら、残業しがちな日本の会社員の多くには、なんとなく雑談しながら資料を読むなどして、ああでもない、こうでもないとやっていく中で何かアイデアが生まれる、といった思いがある。それはたいてい幻想だ。

定時までに終わらない膨大な仕事量を抱えているとしても、そのプロジェクトを進める上でのマイルストーンをきちんと決めて、計画的に作業をこなしていけばすばやく片付く仕事も多いものだ。

残業に関しては、こんな発想を取り入れるだけでも、ずいぶんと問題は解決する。効率重視とも少し違って、自分が一番パフォーマンスを出せる状態で仕事をし続けるには、どんな働き方がいいのか。それを意識的にしたら、たぶんそんなに残業はいらなくなる、という話である。

そこをぼやかしたまま、だらだらしたい気持ちで互いに甘えあって残業を増やしてしまう。その甘えの構造がひどくなると、メンバーシップ型の会社であることが歪みとして表れる。その歪みを体現しているのが、クラッシャー上司であり、その被害を受けるメランコリー型の真面目社員や、いまどきの未熟型社員だったりする。

であれば、日本の雇用慣行の限界を嘆いたり、大変革を求めたりするのではなく、できることから修正していけばいい。

クラッシャー上司を減らすためにはどうしたらいいか。それも、できるところから具体的に考え、実行していけばいいのだ。

次章では、ここ十五年ほどクラッシャー問題に取り組んできた者として、クラッシャー上司対策の考え方と、具体的な方法を提示する。

第四章

クラッシャー対策

――その暴力から身を守るために

部下を精神的に潰して出世していくクラッシャー上司。その問題性をさまざまな角度から見てきた。

クラッシャー個人については、自分は善であるという確信、他人への共感性の欠如、その二点が、本質的な問題だということを再三述べた。

クラッシャーを生む企業社会の側には、滅私奉公することが善であるという価値観が残っており、会社のため、仕事のため、といった「お題目」のもとに過重労働を続けたり、社員の家族を顧みなかったりする鈍感さとして、それが表れていることを指摘した。

そうした欠陥を修正していくには、どうしたらいいのか。

根本的な対策として、会社に必要な視点から説明していく。

悪しき社風を是正するには、どんな考え方が重要になるか、である。

GRR――ストレスに対抗するためのリソース

まず、提起しておきたいのは、ストレス状況にあっても、社員がそれを乗り越えられるだけのGRRを、会社がきちんと整えていくことの重要性だ。

GRR（Generalized Resistance Resources）は、「汎抵抗資源」と訳される健康生成論のキーワードのひとつ。特定ではない、さまざまなストレスに抗するためのあらゆるリソースのことを意味している。

リソースの具体例は、場合によって変わるが、たとえば軍隊におけるGRRには、作戦に最適化した武器、充実した兵站《へいたん》、優秀な衛生兵、国民の支持などが挙げられる。だが、絶対に欠かせないリソースは、作戦に臨んで雑念を捨てて遂行にすべてをかける隊の意思ではないか。元特殊部隊の幹部からそう聞いて、なるほどと思ったことがある。

軍事作戦に加わるとは、自他の命を左右することに関わるということだ。命よりも大切なものはなにか。なんのためにその作戦を実行するのか。その目的の意義が、隊の全員に納得されるものであって初めて作戦を動かすことができる。ミッションに対する理解とそれを命じた上官への信頼が、きわめて重要なGRRになる。

作戦をめぐって、地位や名誉などを気にする保身的な発想、自分のことを優先する邪心が上官の一人にでもあったら、下士官の士気は保たない。命がかかっている仕事なのに、それを行う組織の中に不公正が見えてしまっては、そんな危険なことをする意義が、恐怖や不安のストレスに押し流されてしまう。だから、雑念を持ちこまず作戦遂行を必ず成し遂げるという隊の意思への信頼が、絶対に欠かせないリソースとして挙げられるのだ。

軍隊という例が、極端すぎると感じる人もいるだろうが、軍事と無関係なビジネスを行っている一般の会社でも基本的には同じだと思う。

会社組織にはみな理念がある。社員全員の腑《ふ》に落ちる理念を掲げている会社は、それだけでもGRRが高い、といえる。それぞれの現場でどちらの選択をすべきか迷ったとき、会社の理念に立ち返って判断を下すことができれば、自信をもって仕事が進められる。

逆に、とってつけたような理念しかなく、上司の命令や指導も「それ、あなた自身の利益のためでしょう」というようなことばかりでは、部下のストレスは溜まる一方だ。それこそ上司が個人的利害を超えて取り組んでいる業務だな、と感じられたなら、部下は誰に言われなくても、自分が役立つには何をすればいいのだろうと考え始める。

CSRを適切に実行すれば、会社のGRRは必然的に高まる

ストレスのある状況で会社が社員に提供できるGRRは何か。

業務に最適化したチーム編成、潤沢な予算、充実した福利厚生、顧客の支持など、いくらでもあるだろうが、CSRの考え方をしっかり取り入れればいいのだと私は思う。

この場合のCSR（Corporate Social Responsibility）は、ボランティアや寄付活動など狭義の

「社会貢献」ではなく、従業員、顧客、取引先、株主、地域社会など多様なステークホルダー（利害関係者）と良好な関係を保ちながら経営を続ける、という考え方を指す。

ＣＳＲには、ステークホルダー同士は干渉しあうという原則がある。たとえば、従業員の満足を上げるための適切なプロセス管理を行うと、よりよい製品やサービスが生まれ、顧客が満足し、会社の利益が上がり、株主も満足する。

砕いて言えば、社会的責任をきちっと取って仕事をしようよ、というわけだが、このＣＳＲの配慮不足で、世界的優良企業のイメージから一時期、「悪徳企業」の悪評に暴落した有名な事例が、ナイキの人権問題だ。

一九九七年に、インドネシアやベトナムなど東南アジアの工場で、ナイキの製品を作っていた従業員の中に児童が含まれていたり、ひどい低賃金労働だったりということで、アメリカのＮＧＯ他が批判した。そこから不買運動がどんどん広がり、ナイキは大打撃を受けた。「あのクールなナイキが！」ということで多くの人が驚いた。

社会的責任を自覚し、ＣＳＲを適切に実行すれば、会社のＧＲＲは必然的に高まる。

自分のやっていることは世のため人のためになっているんだ、という実感を持つことができれば、人は相当なストレス状況下でも、それを逆にバネとして、思いきり働けるものだ。

そして、会社のため、仕事のため、といった「お題目」のもとで鈍感になりがちな日本企業も、CSRを念頭におくことで正しい配慮ができるようになる。

クラッシャー上司の存在を許さない公正な社風の会社にもなれるはずなのだ。

SOC——ストレス状況を乗り切る心の資質

横文字の解説が続いたが、もう少し続けさせてほしい。

他にも重要な概念がある。

あまり聞きなれない言葉だと思うが、SOC（Sense of Coherence）も健康生成論の重要なキーワードである。日本語に直訳すると、「首尾一貫感覚」となる。究極のストレス状況を乗り切る心の資質のことを言い表している。

SOCは、アメリカのユダヤ系医療社会学者である、アーロン・アントノフスキー博士が提唱した概念だ。ナチス・ドイツ占領下のアウシュビッツ強制収容所から生還した人たちの健康調査がきっかけで生まれたものだ。

アントノフスキー博士は、第二次大戦の終戦後、アウシュビッツ強制収容所で悲惨な体験をした人々のその後をフォローアップした。

この調査によれば、収容所から生還した人たちの多くは、あまり長生きすることができなかった。人は一般的に、アウシュビッツ強制収容所のような体験による過度のストレスに一定期間さらされると、心身のエネルギーが消耗してしまい、健康を保ちにくいと言われている。

ところが、同じくアウシュビッツ強制収容所から生還した人たちの中で、ある集団だけは、心身とも極めて良好な健康状態を保ち、天寿を全うしていた。

アントノフスキー博士は、その集団の性格特性を精緻《せいち》に分析した。結果、その人たちには、共通した三つの感覚が備わっていることが明らかになった。

その共通した三つの感覚が、SOCである。具体的には次の通り。

- **有意味感（情緒的余裕）**
- **全体把握感（認知の柔軟性）**
- **経験的処理可能感（情緒的共感処理）**

専門用語なので意味が取りづらいかもしれないが、この三つの感覚は私たちの実生活にも密接に関わっている。

「有意味感」とは、辛いことや面白みを感じられないことに対しても、何らかの意味を見いだせる感覚のことである。

たとえば、仕事で望まない部署に配属された場合、不本意だと腐ってしまうのは「有意味感」がない人だ。腐らずに、「これも経験。将来、何かの役に立つかもしれない」「やってみたら意外と面白いかもしれない」と前向きに取り組むことができる人は、「有意味感」を持っている人である。

「有意味感」の欠けている人は、興味のない仕事や面白みの感じられない仕事を、「あとで役に立つかもしれない」「そのうち面白くなってくるかもしれない」と考えて取り組むことができない。合理的、論理的な思考が勝ちすぎていて、「仕事の意味」がわからないと、やる気が起きないのだ。

そういう人が、意味を見いだせないまま無理やり仕事をすると、ストレスを感じ、キレたり潰れたりしてしまう。クラッシャー上司や未熟型うつの若者像が重なって浮かぶ。

余談だが、この「今は面白くないが、何かの役に立つかもしれない」というような感覚は、近年の日本の若者から相当失われているように思う。

今の若者には、非常に合理的でロジカルな人が多く、私が大学で「この本、読んでおくといいよ」と勧めても、「それ、テストに出ますか?」と質問したりする。「テストに出ない」=「無駄なこと」だと思っているのだ。「有意味感」が欠けており、情緒的に余裕がないのだなと感じる。

時系列を見通せる感覚

二つ目の「全体把握感」は、時系列(プロセス)を見通せる感覚だ。

「今は厳しいが、あと二週間すれば何とかなるかも」「今週末は出勤だけど、来週は二日有休が取れるから頑張ろう」など、プロセスに備えた段取りをする力のこと。効率的な業務計画(出勤・有休の使い方)や周囲と協調した業務体制、応援要求・援助要求の予約ができる人は、全体把握感のある人だといえる。認知が柔軟なのである。

この全体把握感が欠けている人は、「今の山を越えれば楽になる」「来週は忙しそうだから、今週に有休をとっておこう」というふうに、先々を見通して、自己コントロールをすることができない。

辛いことが続くと、ずっと辛いままだと考えてしまう。そして自分自身で閉塞感に陥ってしまい、気持ちがどんどん後ろ向きになる。心に余裕がなくなるのでストレスをまともに感じ、仕事で行き詰まったり滞ったりする。

助けを求められる人はメンタルが強い

最後の「経験的処理可能感」は、今までの成功体験に基づいて、「ここまではできるはず」と確信し、「ここからは未知の部分」と早期に援助希求できる感覚だ。

たとえば、今回、五〇のミッションをコンプリートできたとする。その経験は本人の中に自信として残る。次に、上司から能力値以上の八〇のミッションを与えられた。そのとき、経験的処理可能感が高い人はこう考える。

「俺は五〇までできるのだから、残りの三〇をなんとか頑張ればいいんだ」

自分の成功体験をしっかり確信できると、「五〇まではできる」と考えることができる。こう考えられる人は、「経験的処理可能感」のある人だといえる。

逆に、「経験的処理可能感」がない人は、自分の成功体験を確信できない。

「前回はたまたま成功しただけで、また五〇できるとは限らない」

そんなふうに考えてしまう。そうすると、八〇のミッションを与えられたとき、また〇から八〇までやらなければいけないと感じ、被害妄想的に「こんなのできないよ」と、不安のスパイラルに落ちていく。これが続くと、人は潰れてしまう。

五〇のミッションをコンプリートしたら、自分で確認し、確信していくことが大事なのだ。

もし、八〇のミッションを振られたときには、「自分は五〇のミッションを成功させたことがある」と十分に認識し、「五〇までは確実にできる。その先の三〇は未知のことなので、一人では無理かもしれない。誰かに助けを求めよう」と考えれば、どこまで自分一人の処理が可能で、どこから人の助けが必要かを把握できる。

助けの必要を把握し、速やかに援助を求めるということは、実はできそうでなかなかできないものだ。援助希求ができる人はメンタルが強いし、成長しやすい。援助希求ができない人ほど、メンタルで潰れやすい傾向がある。

経験的処理可能感に欠けている人は、実は、自分に自信がないのだ。だから常に他人からの評価と賞賛を求め、評価されないとストレスを感じ、攻撃的になったりする。

レジリエンス——自己治癒力

有意味感、全体把握感、経験的処理可能感。

これら三つの感覚が備わっているSOCの高い人は、つまりレジリエンス（自己治癒力）が高いのである。強靱な精神力の持ち主というイメージだ。

強いストレス下にあっても、自分のまわりのGRR（汎抵抗資源）を上手に使って、突破していく。会社員であれば、社内のリソースを使いながら、ストレスの山を乗り越えていける。

だから、SOCの高い人が多いほど、会社も強靱になるのだが、ここでちょっと面白いのは、その力は善にもなれば、悪にも使えるということである。

斎藤環氏の持論でもあるが、レジリエンスは暴走することがある。

歴史を振り返れば、ヒトラーやスターリンがそうだった。ナチスやソビエト連邦共産党もレジリエンスが高い組織だったのである。強靱だからあれだけの権力を掌握し、それを存分に振るうことができたのだ。

では、ヒトラーやスターリンはなぜ暴走したのか。悪い方へ走ったのか。

それは組織体にコンプライアンスが欠如していたからである。ここで私が使う「コンプライアンス」は、「法令遵守」という訳から想起される堅苦しい話ではない。ルールはちゃんと守ろうよ、後ろめたいことや、人が嫌がることをするのは止めようよ、くらいの意味である。

そうしたコンプライアンス抜きだと、レジリエンスが高い人たちはあらぬ方向に走ってしまう。自己愛が歪んでいて、人道的とはいえない「正義」ができあがると、ヒトラーやスターリンのような怪物になってしまう。

その身近な小粒版が、クラッシャー上司なのである。

本書で紹介した五人のクラッシャー上司のうち、事例5のクラッシャーDは、妻子に夜逃げされて心を病んだ。いわばクラッシャー返しをされた例なのだが、その他の四人はかなりレジリエンスが高い人たちだ。

特に、Xは怪物に近い強靱な精神力の持ち主である。父親からあんな育てられ方をして、他人が心から彼を褒め称えたことなど、おそらく一度もないのに、決して潰れない。部下たちを潰しながら、大企業の役員にまで出世してしまった。

彼の勤め先である総合商社にコンプライアンスが欠けているのかと問われれば、彼が活躍できている限りにおいて、「そうだ」と答えるしかないだろう。あの会社は、クラッシャーXを左遷してはじめて、コンプライアンスを持っているとさえ言えよう。

クラッシャー上司を減らす、あるいはクラッシャー上司を生まない会社は、自分は善であると確信してしまうような危険性に自覚的で、より善くあろうと志向する組織である。そのために、CSRを重視し、コンプライアンスに気をつける。

各種ハラスメントが引き起こす会社の停滞に気づき、正しく認識することが重要である。なぜハラスメントが許されないのか。それは、「御社の成長を止めるから」なのだ。このことを本書から読み取り、コンプライアンスが正しく機能するように、内規を整備するなどの措置を直ちに始めるべきである。

クラッシャー問題の根本解決はそこにある。

中長期的なクラッシャー対策は、CSRとコンプライアンスに秀でた会社になろうとする意思と実行力なのだ。

なぜ会社はクラッシャーを放置するのか

しかし、である。

それを幾ら主張しても、結局は、正論にすぎないという虚しさがある。優等生の理想論としてしか聞いてもらえなければ、なんの意味もない。

CSRやコンプライアンスの重要性は、すでにさまざまな立場の専門家が主張し、各企業も尊重すると言っている。けれども、クラッシャー上司たちは、自滅でもしない限り、今でも各社で好き勝手にやり続けている。その犠牲でメンタル不全になる人、場合によっては自殺をしてしまう人が発生し続けている。

なぜそうなのか。

理由は簡単だ。

これまで紹介してきた概念や理論はみな大切なのだが、実際の企業が一番大切にしているのは利益だからだ。利益を追うことは、もちろん悪くない。ただ、利益を出すためには何でもありという黒い本音の根強さには、いかんともしがたいものがある。不況期は、中長期的ではなく、短期的な利益確保に急ぐ会社も多い。

特に、メンタル対応や健康管理は非採算的な業務であるため、会社のリソースが投下されにくい。精神疾患に関する理解は日本全体でかなり進んだといえるが、会社が具体的な取り組みをしているかといえば、まだまだといったところだ。

例外的なのは、先にも述べたように、イノベーションを起こすことに切実な会社である。そうした会社は、なんとか悪しき社風を修正していこうと本気で取り組んでいる。修正してイノベーションを起こさねば、会社が倒れるから必死なのである。

では、そうした会社以外は、別段、今のままでも大丈夫なのか。

そんな話は釈迦に説法、実際に会社で働いている読者の方々がよくご存じだろう。役員クラスまで出世していれば、逃げ切れるかもしれない。もうすぐ定年なら、勤め先によっては老後が安泰かもしれない。

だが、それ以下の層の近未来は、さほど生易しくないのだ。

右肩上がりを前提とした雇用慣行や働き方のうち、現状に合わなくなっている部分は変えていかねばならない。

でなければ、たとえ大企業でも、数年先がわからない。技術革新、イノベーションなき会社はあっという間に脱落していく。東芝が不正をするし、シャープが鴻海《ホンハイ》になるし、東電が落ち込む、日本のビジネス状況だ。寄らば大樹の陰が通じる甘い時代ではないのである。

社会の目も厳しくなった。不正があれば、その情報はすぐに拡散する。社員に強い不満があれば、そこから会社は滅びていく。

ターゲットの同僚は何をしているか

ひとつ、あえて挑発的なもの言いをしておきたい。

ことクラッシャー問題に絞ってみても、その存在が許されているのは、その職場や会社の他の社員にもクラッシャー的要素があるからなのだ。クラッシャー上司の中にもいろいろて、重度から軽度までのグラデーションもある。連続したスペクトラム状の人格傾向が「クラッシャー」なのだけれども、もっとうっすらとした傾向ならば我々自身の中にもそれは潜んでいる。

自分は善であるという確信と他人への共感性の欠如は、他人ごとではない。会社員の傲慢さと甘えと言ってもいいのだが、その傾向が多くの社員の中にあるからクラッシャーが生まれ、見逃されているのだ。

クラッシャーのターゲットにされた社員の苦しみは、ときに筆舌に尽くしがたい。が、そうなってしまった彼や彼女を同僚たちはどれだけ庇《かば》ったか。共にクラッシャー上司と戦おうとしたか。

長年、この問題をみてきた私だが、残念ながら、ターゲティングされた部下をメンタル不全になる前に同僚が救ったというケースをほとんど知らない。多くは、我関せずという態度をまわりがとり、潰れていく同僚を遠巻きにして眺めている。

その態度にも、自分は善であるという確信と他人への共感性の欠如があると思うのだ。ターゲティングされ、雪隠づめやいじめを受けている同僚の姿を見て、「またやられてるよ」と面白がっている部分も絶対ないとは言えないのではないか。

クラッシャー上司は「会社のために」「仕事のために」というお題目のもとに、ハラスメントで憂さ晴らしをするわけだが、その様子を眺めている者の中にも、火事場に駆けつける野次馬のような憂さ晴らしの衝動が働いているのではないか。

もちろん、遠巻きにしながら「気の毒に……」と被害者の辛い気持ちを我がことのように感じている人もいる。

でも、反抗的な態度を示して自分が次のターゲットになるかもしれないリスクを犯し、クラッシャー上司に抗議をする同僚は滅多にいない。

むしろその異常な事態を常態とする、鈍感な同僚のほうが多いかもしれない。

真の意味での教養が求められる

自分の中にあるそうした衝動や鈍感さを客体視し、やられている当事者への共感性を働かせるには、どうしたらいいか。

合理的で論理的な社会の中で、それらだけに捉われない情緒性に富む教養が求められる。理屈だけではない美術や音楽や文芸など、そうしたものを楽しむことができれば、人から賞賛される承認欲求ドライブのみをワークモチベーションにして、オール・オア・ナッシング思考で働くクラッシャー的な存在の異常性に気づけると思うのである。

クラッシャー上司は往々にしてスノッブだが、それは彼らに真の意味での教養がないからでもある。

記号消費に嬉々としている自分の姿を相対化する知性がない。クラッシャーたちは地頭がいいのだけれども、その思考の底は浅い。

深い思考のできる人間になるためには、リベラルアーツの学びが必要だ。美術や音楽や文芸など、と書いたが、それは高尚な世界に親しもうということではない。世の中が理屈だけではないことを教え、広い視野を与えてくれるものであればなんでもいい。

読書をするなら、ロジカルなビジネス書ではなく、人間の心の奥深い部分を描いた小説をお勧めする。一見、役に立たない読書のほうが、人生の役に立つ。

優れた人物評伝もいい。「この人はこういうふうにしたのか。だったら自分は……」といった想像力が働く本をどんどん読みたい。

クラッシャー上司を理解する

中長期的なクラッシャー対策、その基本的な考え方として、私が言えるのは以上だ。

さて、これより先はもっと具体的なクラッシャー対策、いま読者の職場でクラッシャー上司が暴れていた場合、実際にどうしたらいいか、述べていく。

まず一番初めにしてほしいことは、クラッシャー上司がなぜ暴れているかの理解である。ここまで本書を読んでくれた方ならもうおわかりだと思うが、彼らが常軌を逸した行動をとる理由は、鈍感さと、憂さ晴らしだ。

憂さを晴らしたい気持ちの背後には、情緒的不安定性がある。彼らは、どんなに偉そうで、自信たっぷりな様子をしていても、その実は小心者であり、臆病者でもあり、不安と焦燥感にいつもかられている。

その不安定な人間が、自分にとって気に食わないことが起きると幼児退行してハラスメントを行う。あるいは他人に共感ができない、コミュニケーション能力に乏しい人間なのである。

「そんなしょうもない人間である」と認識することが最初に必要なのだ。クラッシャー上司は仕事がデキるし、頭の回転が速いので、圧倒されがちだが、しょせんは未成熟な人間なのである。

彼らのワークモチベーションは、上長から認められ、出世することぐらいしかない。「ヒラメ社員」という造語があるけれども、その一種だ。絶えず上司の顔色を窺い、承認と賞賛を求めている。「実力」とか「実績」とかといった言葉を好んで使う割に、実のところピラミッド社会である社内の「序列」に拘っている。

だから、部下が自分に意見をしてくることを、とりわけ好まない。人としての器がものすごく小さいのである。「そんな人間になってしまったのには、相応に辛い生育環境があったのだろう、気の毒に」といったくらいの見方をするといい。

クラッシャー上司に同情して、というのではなく、その程度の「上から目線」で彼らのことを見たほうが、気が楽だ。

自分の弱い面をさらす

彼の暴力的言動を、そのように理解したならば、次は周囲が適当に流すことだ。

二次元の同じ板の上での勝負となるとやられてしまうだろうが、そのゲームに巻き込まれないよう、こちらの心の中に三次元の軸を作るに限る。「あんな偉そうなやつだけど、根は弱いんだよな」と、冷静に考える。

クラッシャー上司が、部下である自分の仕事について何かケチをつけにやってきても、「ヒラメが回遊してきたな」くらいに受け流す。「またマウンティングをしにきた。勘弁してくれよ」とまともに反応しないほうがいい。

ケチの内容自体は理に適っていることが多いだろうから（過剰に細かかったり、要求水準が高かったりしても）、「アドバイスありがとうございます」と形式的に礼でも言っておくことだ。心から感謝する必要はないのである。

ここで気をつけたいのは、自分自身の仕事に対する姿勢だ。

同じ穴のムジナにならないために、クラッシャー上司についてだけでなく、自分のことをメタ認知（自分の認知活動を客観的に把握、認識すること）する。そして、自分のワークモチベーションに歪みがあれば、それを直す。クラッシャー上司を反面教師として、公正に働くことだ。

「私はきちんとやっているのだから、あいつになんと言われようが、堂々と仕事をこなしていればいい」

というふうに、信念を持つこと。信念を持てるだけの仕事を遂行すること。

そういう隙のない人間のことは、たとえ部下であっても、クラッシャー上司は無暗《むやみ》に憂さ晴らしのターゲットにしない。いやがらせをしても、たいした反応を見せそうにないからだ。彼らはヒラメなので、自分より下で弱いと見なした人間にしか暴力的言動を取れないのである。

自分の仕事に信念が持てると認めることができたら、クラッシャー上司の暴力的言動を受け流すだけでなく、その被害体験を他の人たちと共有しよう。

クラッシャーXのように自己愛の歪んだタイプは、自分を賞賛する者以外すべてに攻撃を仕掛ける。だから、会社の同僚の多くも同じような被害を受けている。

その体験を共有するのだ。被害者としての感情をシェアして、やられた者同士が共感し合える関係を作る。違うクラッシャー上司にやられた者同士でもいい。

他の被害者の話を聞くほど、「ああ、あるある」「それうちと同じ」と頷く回数が増えるだろう。本書の事例からそう感じた読者も多いと思うが、案外、彼らのハラスメントのパターンは限られており、ネチネチやるわりには単純なものなのである。

被害者感情を共有すると、孤独な閉塞感から脱出できる。クラッシャー被害者の何が辛いかといえば、自分一人でその思いを抱えてしまうことである。

クラッシャー上司やその存在を生む会社の中には、滅私奉公の価値観がある。彼らにやられる社員も実は似た価値観を有し、雪隠づめにされながら「これは修業だ」と思い込もうとしたり、「こんなことで弱音を吐けない」と自分を無理に律するような傾向がある。だからメンタル不全になるまで我慢してしまう。

しかし、ハラスメントを受けて辛いのは、あなただけではないのだ。みんな辛いし、あなたを救いたいがそうできないジレンマを抱えている人が、今現在も自己嫌悪を覚えているかもしれない。

我関せずという態度の者、野次馬根性で見学しているような者もいる。だが、クラッシャー上司は基本的に嫌われ者なのだ。積極的支持者はいないし、そんな上司にやられて疲弊していく同僚の姿を見て辛い気持ちになっている人は必ずいる。

そういう人たちと、被害者感情をシェアすると、それだけでもずいぶん楽になる。強いストレス下にある場合、「一人じゃない」と思えることは大きな救いだ。

このとき、大事なポイントがある。シェアする相手は、できるだけ自分と近しい間柄の人にするということ。自分と接点の多い人、自分のことをよく知る人、自分が大事に思っている人と気持ちをシェアする。

相手が身近で大切な人であるほど、自分の弱さを見せたくないものだ。挫折した姿をさらすようで恥ずかしい、こんなことで心配をかけたくない、ダメなやつだと、あの人には思われたくない……。

さまざまな感情が湧きあがるだろうが、そういう近しい相手からの情緒的共感ほど力強く自分を支えてくれるのである。

追い込まれて不安定なときこそ、自分のことを本当に思ってくれる人に、自分の弱い面を全部さらす。そうすれば、その人は他の誰よりも強力なあなたの支援者になってくれる。辛いときは、ぜひ思い出してほしい。

マニュアル作りをする

まわりと被害者体験や感情をシェアできたら、続いて、マニュアル作りをしよう。次にクラッシャー上司が暴力的言動を振るい始めたらどうするか、対策を一緒に立ててみるのである。

たとえば、クラッシャー上司の部屋に部下が呼ばれた。なかなか帰ってこない。これは雪隠づめのパターンだ。そうなったときにどうするか。

部屋に入って三十分経ったら雪隠づめパターンだと見なし、その部下を救出する決まりを作っておくのである。

救出方法は、思いつくものでなんでも構わない。三十分経過の時点で、ケータイに大事な顧客から電話が入るようにすれば、とりあえずその部下は雪隠づめの部屋から脱出することができるだろう。

より具体的には、ターゲットにされている部下がクラッシャー上司に呼ばれ、雪隠づめになる雰囲気を感じたら、同僚に「俺、ちょっと課長の部屋に行ってくる。よろしく」とひと言告げておく。そして、決めていた三十分が経っても帰ってこなかったら、同僚がうるさ型のクライアントになって、彼にウソ電話をかけてもらうことにしておく。

呼ばれた部下の携帯呼び出し音は大きくしておくといい。けたたましくベルが鳴る。部下は携帯を見て、「すみません！　クライアントの□□様から……」と慌てて上司に言う。「はい、はい。それは大変申し訳ございませんでした。今すぐ。はい。承知いたしました。たった今、資料を確認してそちらに伺います！」

と汗を拭き拭き受話器に向かって答えるといい。雪隠づめ中のクラッシャー上司でも、「しょうがない。行って来い」となるだろう。

退行の激化を遮断する

そんな演技力はない？

だから、まずは、クラッシャー上司の精神構造を理解し、「ヒラメはヒラメ」「しょせんはでっかい赤ん坊」と上から目線で見ることができるようにしておくのである。

そして、被害者感情をシェアした同僚と、そうしたクラッシャー上司の精神構造の見方も共有する。そして、暴力的言動が始まったときの対策を示し合わせる。なんだったら、ウソ電話の予行演習もしておけばいい。

パターン化して、生じた事態を想定内のマニュアルに落としこめば、そう心配することもなくなるのである。

もちろん、この手は何度も使える手ではないが、このような「姑息《こそく》な」手段でよいのだ。それらをいろいろ皆で考えてみよう。その過程こそが、実は、気持ちのシェアになる。

それでも暴力的言動が止まらない、赤ちゃん返りの退行が激しいクラッシャー上司であったら、どうすればいいだろうか。

その場合、いささか高度な戦術になるのだが、部下が上司を「受容」する方法を取る。あくまで、クラッシャーの精神構造を理解し、上から目線を獲得して受け流す態度を身につけ、まわりの同僚とも被害者感情やクラッシャー対策を共有できてからの話なのだが、「ギャーッ」と泣き始めたら、「はいはい、よしよし」という感じで相手をしてあげるのである。

加害者に被害者が、どうしてそんなことまでしなければならないのか。

それは、「ギャーッ」と泣くのを無視しても止まらないし、泣き続ける相手に「うるさい！」と反応したら余計に相手は暴れてしまうからである。

だから、まだ泣き始めの段階で、その態度を受け入れてあげて、それ以上の退行を遮断す・る・の・だ。「課長のおっしゃることはよくわかります」と共感的な姿勢を示しつつ、落としどころを探る聞き役を買って出る。

実は、その受容の仕方の具体例を、本書はすでに幾度か紹介している。二章や三章に登場した精神科医たち、彼らがクラッシャーやメンタル不全に陥った部下たちと接した際のやりとりがそれだ。

マイナスの感情を見せてはならない

まず、穏やかな態度で話を聞く。話のスピードを少し落として、本人の怒りには一切反論せず、ひたすら言い分に頷きながら、たっぷりと時間を取って傾聴に徹する。

尋ねられたら、事実は事実としてきちっと伝える。ただ、そこに自分の意見を入れない。相手の意見はいくらでも聞く。「なるほど、なるほど」「そうだと確かに困りますよね」と傾聴しながら、ときに共感も示す。

この受容と傾聴と共感を続けていけば、どんな人でもたいていい興奮が治まっていく。

精神科医やカウンセラーが日常的に使っている基本技術の一つだけれども、顧客相手に仕事をしている人なら、だいたい同じ対応法を取っているはずだ。

コールセンターでの業務経験者なら、受容と傾聴と共感の訓練を徹底的に受けているだろう。電話口でお客さんのクレームが激しさを増してくる。「あんたじゃ、話にならない。上司を出せ！」と言われて、「かしこまりました」と、実は定年退職したシニアに電話対応を任せる。

シニアは、「なるほど、なるほど」と、文句を言い続けるお客さんのことを否定も肯定もしない。延々、文句を聞き続ける。そして、お客さんの勢いがやや緩んだそのとき、「たしかに、そのお気持はわかります。私でも、もしその立場になったら、そりゃあ、怒ると思いますよ」と共感を示す。

すると、お客さんは「お前、なかなか話がわかるやつじゃねえか」と気分を良くしてくる。そこで、シニアは「では、お客様、今回のこの製品に対して、どのように対処したらよいでしょう」と、はじめて冷静で論理的なところに話を持っていく。

これがクレーマー対応の基本形である。

クラッシャー対応もそれと同じだ。受容して、言い分を聞いてあげて、憂さ晴らしのターゲットにハラスメントをしなくてもいいよう、解毒を施すのである。

その場合、聞き役はクラッシャー上司に対して、マイナスの感情を決して出してはいけない。ちらっとその感情を見せただけでも、確実に拾ってきて、暴力的言動の火種にしてくる。だから、マイナスの感情があったとしても、それを見せないようにコントロールしなければならない。そこは絶対間違えてはいけない部分だ。

三日間の集中プログラム

職場でクラッシャー上司が暴れていた場合、実際にどうしたらいいか、その具体的な対策について述べてきたが、これらは短期的な「戦術」である。クラッシャーの被害を受けている部下たち個人だけの力で為せる対症療法だ。

中長期的な「戦略」は、会社がＧＲＲを整備し、ストレス対応のためのリソースを提供しなければならない。そして、コンプライアンスの観点から、どうしようもないクラッシャー上司には、会社が処分を加えるべきである。

ただ、その処分が、罰して終わりではあまり意味がない。左遷はひとつの姑息な方法だが、遠方へ飛ばしてそのままだと、こんどはその飛ばした先でまたクラッシャー行為を始める可能性がある。実際、レジリエンスの高いクラッシャー上司は、左遷ぐらいでへこむようなヤワな連中ではない。

ならば、根治は不可能なのか。

簡単ではないが、可能なケースも多いと私は思っている。クラッシャーをコンプライアンスで裁いた後に、彼の行動を是正させることもできると考えている。

なぜなら、クラッシャーは賢い。彼らのマネジメントの問題性などを、本当に理解させることができたら、賢いので自分を変えることができるのである。

そのために、この問題に取り組んできた私たちは、心理カウンセラーによる「クラッシャー対策プログラム」を整えている。会社が、クラッシャーの暴力的言動を明らかなハラスメントと認定した後に、業務指示として、その社員を三日間のプログラムに参加させるのだ。

内容は、従来からあるような定型的なコンプライアンス教育ではない。賢い彼らは、コンプライアンスについて、すでに十分理解している。なのに、それを実行できない原因は、何度も述べてきた通り、自分の行動は善であるという歪んだ認知から抜けられないことと、自己愛の歪みに基づく共感性の欠如である。

それを、三日間の集中プログラムによって矯正していくのである。

歪んだ認知を矯正する

プログラムでは、まず人がどれほど傷つくか、「心の痛み」について、少々きつめのロールプレイを通じて実感してもらう。

次に心理検査を実施して、本人の自己愛の歪みを分析して指摘、内在する強烈な劣等感に正面から対峙させる。自分が避けてきた、そして「退行」することによって、他者への攻撃性に転換してきた劣等感に正面から向き合わせるのだから、相当なストレスを与えることになる。そこを、熟練の心理カウンセラーが徹底的に受容し傾聴し共感することで支える。

こうした三日間の集中プログラムによって、当初は拒否的で回避的であったクラッシャーも変わっていく。徐々に脆弱な自我が剝き出しになり、自己主張をしなくなる。自信なさげで挙動不審、自分には才能がないから解雇されるのではないかと怯える者もいる。時には感情がコントロールできなくなって泣き出すこともある。

その過程で、認知行動療法的なアプローチによって、本人の歪んだ認知をじっくり矯正することを開始する。

多くは、「クラッシャー対策プログラム」を受けた後、放心したような顔になる。牙を抜かれて虚脱状態に近い期間がけっこう続く。

基本的には、プログラムの後の約三カ月間、定期的にカウンセラーとやりとりを続ける。その中で彼らは、健全な自己愛を獲得する方向に導かれていく。

開発者の一人としてこう言うのもなんだが、大変に辛い療法である。プログラムを受ける立場からすると、心理カウンセラーから三日間、雪隠づめにされるのに等しい。当人の内面にかなり分析的に切りこんでいく。

クラッシャー上司は頭がいいので、実は言われなくても自分の弱みには気づいている。でも、そこを認めたら自我がボロボロになるので、否定してきた。そこを直球で眼前に突き付けられるプログラムなのである。

なので、辛い思いをさせざるを得ないのだが、効果的な療法であるのは確実だ。

もちろん、いくらクラッシャー行為の常習犯であったとしても、いきなりこのプログラムを押しつけたりはしない。彼らはいわゆる「精神障害」ではなく、パーソナリティレベルの歪みであり、労働安全衛生法による安全配慮義務上の治療対象ではないから、いくら業務指示とはいえどもプログラム参加に強制力はない。

あくまでも本人と社内担当者が十分に話し合った上で、業務の一環として、コンプライアンス違反を頻回に繰り返す社員の是正のために支援を提供する、というイメージで実施するのが望ましいだろう。

自分の限界点を知る

クラッシャー対策について、一通り述べた。

職場や会社によって、使えるもの、使いづらいもの、それぞれ事情は異なるはずだ。

紹介した方法の中で、ピンと来るものがあったら、まず同僚とそれを話題にしてほしい。

そして、読者の職場、会社で起きているクラッシャー上司問題を言語化し、対象化するところから取り組んでいただきたい。

そうしていくと、必ずやクラッシャー上司のターゲットになっている社員の存在とその辛さが浮かび上がってくる。自分自身の中にある傷も可視化されるかもしれない。

クラッシャー上司を生むような職場や会社には、過重労働と各種ハラスメントが横行しているものだ。そこで苛まれながら働いている自分たちについて考えてもらいたい。

以下は、ストレスフルな職場で辛い思いをしている人に向けた、即効性のあるメンタルの処方箋だ。クラッシャー被害者はもちろん、そうでなくても「最近、しんどいな」と感じている読者の参考にもなることと思う。

まず、最初に、自分の限界点を知ってほしい。

真面目で勤勉で自責的な人、メランコリー親和型の人であるほど、不条理な目に遭っても我慢をするし、滅私奉公してしまいやすい。

当然の話だが、そこには限界がある。我慢して滅私奉公し続ければ、いずれ心身は破綻する。その限界点前の予兆を自分で認識しておくことが肝心だ。

世間にはストレス関連、うつ病関連の情報が氾濫しているが、そこで語られているストレスの予兆には、一般性はあっても個の特異性の観点がなく、自分自身の破綻の予兆に対する検出力が弱い。参考になりそうで、実際は使えない話が多いのだ。

人には器がある。器は研鑽を積むことで徐々に大きくなる。その際の「成長痛」のような前向きなストレス反応（eustress）もあるし、時には器を破壊するようなストレス反応（distress）もある。

その前向きな段階で表れる自分特有のストレス反応を知り、それを的確にモニタリングすることである。

ストレス反応の核にあるものは「億劫感《おっくうかん》」と「認知の歪み」である。その核からどのような症状が眼に見える形で噴き出すかは、個人によって異なる。次に挙げる症状は、ほんの一部の例にすぎないことを、断っておく。

認知の歪みによる症状

億劫感による諸症状は、たとえばこんなものだ。

ちょっとした遅刻。朝は目覚ましで定時に起きあがるのだが、その後の身支度ができない、化粧ができない。なんとなく億劫でソファに座り込んでいて、さすがに家を出ないとまずい時刻になって、身支度もそこそこに駅まで走る。こんなに焦るならさっさと身支度をすればよかったと、毎朝思うのだが、できない。

それは、億劫感があなたを支配しているからだ。

部屋が片付けられない、洗い物が溜まる、洗濯物が溜まる、決裁書類が溜まる。やらねばならないことは重々承知しているのだが、手につかない。とりあえず、締切が厳しいものから処理していくが、帰宅するともう、部屋を片付ける気力が残っていない。

人間関係が億劫になる、という表れ方もする。その結果、みんなでランチに行かなくなる、飲みに行かなくなる。ランチぐらい気を遣わずに一人にしてくれ、仕事が終わったら自分のことは放っておいてくれ、という気分だからだ。すべて周囲に合わせることが、億劫になっているのだ。

このような症状をストレスの限界点の予兆としてモニタリングするのである。

一方、認知の歪みによる症状は、次のような感じだ。

考え方が狭くなる。心が狭くなる。出社時、改札口を通る寸前に向こう側から人が来て、ICカードをタッチし、こちら側が入れない状態になった。そのときに苛つきを感じるとしたら、それは心が狭くなって、見ず知らずの人なのに、あたかもその人の人格を知った上で苛立っているかのごとき認知の歪みである。

時間に余裕があるとき、ゆったりと旅行しているときであれば、同じことが起きてもなんとも思わないだろう。その相手はとても良い人なのかもしれない。なのに、腹が立つ。それは、私たちの認知、ものの見方が歪んで、心が狭くなっている状態なのだ。

怒りをぶつけることに快感を覚えたら

ちょっとしたことに腹が立ち、イライラしている。そしてそのイライラをぶつける対象を探しているかのごとく、他人の失敗や失態をあげつらっては怒りをぶつける。

朝のワイドショーで、芸能人の不倫が大声で非難されている、政治家の汚職疑惑が糾弾《きゅうだん》されている、事故の責任者の謝罪がなっていないと叱られている。そういうテレビ画面についいつい惹かれている自分がいる。

あまり自分の実生活に関係のない話題なのに、他人の失態を見て、レポーターやコメンテーターと一緒になって怒りをぶつけることの快感。こういうことに快感を覚え始めたときが、真の喜びや幸福から自分の人生がズレ始めたときなのだろう。

自らの認知の少々の歪みを、このような日常の自分の変化から感じ取ってほしいのだ。

そして、それを「限界の予兆かな」と自分にフィードバックして、まだ可逆的な状態のうちに一呼吸を置く。ルビコン川を越えないうちに、である。

大切なことは、このような「億劫感」と「認知の歪み」を核に持つ様々な顕在化した諸症状が、自分に表れていると把握すること。表れ方はもっともっと多様だし、はっきりとした症状として表れない人もいるだろう。

しかし、普段の自分と違った言動を自身に感じたとき、「その核には億劫感や認知の歪みがあるのではないか?」「そろそろ自分の器の限界点がきているのでは?」と疑うことが大事なのだ。

そのためには、日頃から、それらを書き出してチェックリストにしておくとよい。それこそ億劫に思えるかもしれないが、そうして備えておかないと、認知が大きく歪んでからでは自身の内的な変化になかなか気づけない。

自らの器を破壊するようなストレス反応に気づいた頃には、自分でコントロール不能なメンタル不全になっている可能性も高い。

少しずつプレッシャーを感じながら成長していく人たちは、その成長痛とも言えるストレス反応を敏感に認知しながら、常に自分自身をコントロールしている。そうやって自身をマネジメントしていくのである。「健康管理も才能のうち」であることを肝に銘じよう。

「うつの治療の原則はパターンを崩すこと」

心の健康には、なにはともあれ食欲と睡眠が基本である。

きちんと食べて、眠れているか。身体が疲れれば、人は眠くなる。しかし、精神的緊張が続くと脳は休まらない、疲れているはずなのに眠れない、そんな症状が出ていれば、ストレスが少々過ぎていると思っていい。

回復のために、まずは思い切って三日間程度の休みを取る。そうして、ストレスフルな日常のパターンに楔《くさび》を打ち込むことが肝要だ。

かつて心理学者の河合隼雄は、「うつの治療の原則はパターンを崩すこと」と言った。勤勉なメランコリー親和型は秩序が大好きである。その日常の秩序に嵌まって、うつに陥っていく。だから平日に三日間休んでみて、それまでの日常性を打ち破るのだ。

平日の昼間のテレビ番組、スーパーマーケット、街の景色は、意外なほど新鮮なものである。そうして新しい時間を過ごしていくうちに、歪み始めていた認知は徐々に回復していくだろう。

それでもどうしても眠れないときは、精神科のクリニックを受診して、三日分だけでいいから睡眠導入薬を処方してもらい、たっぷり寝ることである。

睡眠がしっかり取れれば、食欲も出てくるものである。

自律神経系は、緊張の交感神経とリラックスの副交感神経によって構成される。消化管は副交感神経によって動かされるので、リラックスしないと適切に機能しない。緊張の強い接待御飯では、どれほど高級な料理を食べたとしても胃がもたれがちだ。一方気の置けない友人との食事は、どれだけ飲み食いしてもさらっと消化してくれる。

ストレスによる食欲不振の原因は、身体が常に緊張状態にあり、交感神経ばかりが優位に働いてしまうため、消化管が上手く動かないことにある。なので、まずは三日間休み、たっぷり寝て、仕事仕事だった日常から自分を切り離してリラックスすると、自然に消化管は動くようになる。

ストレスの限界点が近づいているなと感じ取ったら、リラックスの副交感神経と緊張の交感神経のバランスを整えるべく、思い切って仕事から短期間、離れてみる勇気を持つことである。繰り返すが、「健康管理も才能のうち」なのである。

聞く耳を持ってくれる上司は、近くに必ずいる

どんなに疲弊していても、自分でその状況から脱しない限り、ストレスはどんどん溜まっていく。ましてや、暴力的言動を繰り返すクラッシャー上司は、こちらの辛い気持ちなど読み取ってくれない。へこむほどに、追い打ちをかけてくる可能性すらある。

そんな環境や相手にどう対するか。

億劫で、認知が歪んだ状態のまま、ハラスメントに対抗するのは得策ではない。そもそも戦うだけの気力がないので、正しいことを主張する勇気が出ない。認知が歪み、自分自身の力に自信が持てなければ、相手の理不尽な言動に異を唱えることもできないのだ。

「もしかすると上司が言っている自分への批判は、的を射ているのかもしれない」

「本当に自分はダメなヤツなのかもしれない」

そんなことはないのだが、そんなふうに思い込んでしまいやすい。認知が歪んでいる。まずは先述したように、自身のストレス反応を知り、限界点に近づいていたら休んで心身を整えることだ。クラッシャーに対しては、自分の健康を蘇らせてから、正しいアクションを起こそう。

クラッシャー上司のハラスメントや過重労働を容認する社風は、そうすぐには改善しない。中期的には、コンプライアンスの視点を持って、共感できる仲間と一緒になって会社に働きかけていけばよい。

聞く耳を持ってくれる上司は、近くに必ずいるはずである。そのような中長期的な改革の意思を持ちつつ、まずは現状の閉塞感を打破することが大切だ。前述してきたマニュアルなどの短期的な「戦術」を使って、その場をまず乗りきろう。

それは姑息《こそく》なやり方だと思うかもしれない。しかし、事態は急に変わらないし、我慢していれば自分が潰される。自分たちを守るための「戦術」に美意識を持ち込んでも意味はない。とにかく、危機的な事態を乗り切ることが急がれるのだ。

会社がGRRを整えようとせず、コンプライアンス意識も低く、社員だけにタフであることを求めるようであれば、会社のレジリエンスは高まらない。「戦術」を使って危機回避しても、またその戦術を上回る暴力的言動や過剰労働が社員たちに襲いかかる。

おかしいことはおかしい、間違っていることは間違っている、と正しい主張を繰り返しても、まったく上が変わらないようであれば、それはあなたがその組織を見限るタイミングなのかもしれない。

おわりに

クラッシャー問題の被害者にとって、その状態から脱するための「実用書」を作ろう。そんな思いで、なるべくわかりやすく、リアルに、具体的に、私の知るところを述べてきた。研究を始めて、およそ十五年分の知見をお伝えできたと思っている。

かつて大学病院の外来だけで精神科の診療をしていた頃に、ある患者について疑問が湧いたことがある。

患者本人は上司の批判をする、自分はパワハラの被害でうつ病になったと言う。しかし、どうもその言い分に納得できないものを感じた。

次回は人事部の方を外来に連れてくるように言っても、全くのらりくらりで連れてこない。ある時上司と人事から私宛に、直接に話がしたいと連絡があり、本人の状況を聞いた。すると、本人の言い分は、半分以上はどうやら勝手な思い込みであることがわかった。

正確な診断をするためには、正確な情報が必要である。

今時の精神科診療は診察室の中だけでは完結しない。

産業精神医学を専門にすると、会社での事情を的確に知ることができる。

正しい情報をもとにすれば、正確な「診立《みた》て」ができる。治療も診察室の中だけでは完結しない。職場復帰を目指して、会社のリソースをフルに活用しながら工夫をこらして策を講じ、本人の復帰を支援することができる。

もちろん、医師としての守秘義務の問題には細やかな配慮が必要であるが、大事なことは、本人との信頼関係である。

どのようなタイプのメンタルヘルス不全であったとしても、本人との「心の絆」が形成されていることが必須で、どれだけ本人が、ワガママで未熟であったとしても、職場に復帰してもらうために、会社は最大限の支援を行っていくという姿勢が示されることが重要だ。

本文中でも繰り返し述べてきたことだが、会社が公正であり、就業規則の範囲内で最大限の支援を約束する、その姿勢が見えなくては、円満な復職は叶わないだろう。

本書では、公正から逸脱したパワハラ、クラッシャーを取り上げて、その構造から対応にまで言及した。

「働き方改革」が叫ばれている。

長時間労働を是正せよと言う。しかし、業績は落とせない。

相反する要求なのだ。

この矛盾した要求を両立するためには智恵が必要だ。

短期的には高い業績を上げるような「デキるクラッシャー」に依存して、真面目な社員が使い捨てにされるような悪しき構造を改革しなければならない。

どうか、本書からそのヒントを得て真の「働き方改革」を実現して頂きたい。

二〇一六年十二月吉日

松崎一葉

PHP新書

PHP INTERFACE
https://www.php.co.jp/

松崎一葉［まつざき・いちよう］
筑波大学医学医療系　産業精神医学・宇宙医学グループ教授。1960年茨城県生まれ。1989年筑波大学大学院博士課程修了。医学博士。産業精神医学・宇宙航空精神医学が専門。官公庁、上場企業から中小企業まで、数多くの組織で精神科産業医として活躍。またJAXA客員研究員として、宇宙飛行士の資質と長期閉鎖空間でのサポートについても研究している。「クラッシャー上司」の命名者の一人。
主な著書に『会社で心を病むということ』（新潮文庫）、『情けの力』（幻冬舎）、『もし部下がうつになったら』（ディスカヴァー携書）がある。

企画・構成　オバタカズユキ

クラッシャー上司

平気で部下を追い詰める人たち

（PHP新書1080）

二〇一七年一月二十七日　第一版第一刷
二〇二五年五月二十三日　第一版第十刷

著者――――松崎一葉
発行者――――永田貴之
発行所――――株式会社PHP研究所
東京本部――――〒135-8137 江東区豊洲5-6-52
ビジネス・教養出版部　☎03-3520-9615（編集）
普及部　☎03-3520-9630（販売）
京都本部――――〒601-8411 京都市南区西九条北ノ内町11
組版――――有限会社エヴリ・シンク
装幀者――――芦澤泰偉＋児崎雅淑
印刷所
製本所――――大日本印刷株式会社

ISBN978-4-569-83205-0

ＰＨＰ新書刊行にあたって

「繁栄を通じて平和と幸福を」（PEACE and HAPPINESS through PROSPERITY）の願いのもと、ＰＨＰ研究所が創設されて今年で五十周年を迎えます。その歩みは、日本人が先の戦争を乗り越え、並々ならぬ努力を続けて、今日の繁栄を築き上げてきた軌跡に重なります。

しかし、平和で豊かな生活を手にした現在、多くの日本人は、自分が何のために生きているのか、どのように生きていきたいのかを、見失いつつあるように思われます。そして、その間にも、日本国内や世界のみならず地球規模での大きな変化が日々生起し、解決すべき問題となって私たちのもとに押し寄せてきます。

このような時代に人生の確かな価値を見出し、生きる喜びに満ちあふれた社会を実現するために、いま何が求められているのでしょうか。それは、先達が培ってきた知恵を紡ぎ直すこと、その上で自分たち一人一人がおかれた現実と進むべき未来について丹念に考えていくこと以外にはありません。

その営みは、単なる知識に終わらない深い思索へ、そしてよく生きるための哲学への旅でもあります。弊所が創設五十周年を迎えましたのを機に、ＰＨＰ新書を創刊し、この新たな旅を読者と共に歩んでいきたいと思っています。多くの読者の共感と支援を心よりお願いいたします。

一九九六年十月

ＰＨＰ研究所

PHP新書

[**経済・経営**]

187 働くひとのためのキャリア・デザイン　金井壽宏
379 なぜトヨタは人を育てるのがうまいのか　若松義人
450 トヨタの上司は現場で何を伝えているのか　若松義人
543 ハイエク 知識社会の自由主義　池田信夫
587 微分・積分を知らずに経営を語るな　内山 力
594 新しい資本主義　原 丈人
620 自分らしいキャリアのつくり方　高橋俊介
752 日本企業にいま大切なこと　野中郁次郎／遠藤 功
852 ドラッカーとオーケストラの組織論　山岸淳子
882 成長戦略のまやかし　小幡 績
887 そして日本経済が世界の希望になる
ポール・クルーグマン［著］／山形浩生［監修・解説］／
大野和基［訳］
892 知の最先端　クレイトン・クリステンセンほか［著］／
大野和基［インタビュー・編］
901 ホワイト企業　高橋俊介
908 インフレどころか世界はデフレで蘇る　中原圭介
932 なぜローカル経済から日本は甦るのか　冨山和彦
958 ケインズの逆襲、ハイエクの慧眼　松尾 匡
973 ネオアベノミクスの論点　若田部昌澄
980 三越伊勢丹　ブランド力の神髄　大西 洋
984 逆流するグローバリズム　竹森俊平
985 新しいグローバルビジネスの教科書　山田英二
998 超インフラ論　藤井 聡
1003 その場しのぎの会社が、なぜ変われたのか　内山 力
1023 大変化――経済学が教える二〇二〇年の日本と世界　竹中平蔵
1027 戦後経済史は嘘ばかり　髙橋洋一
1029 ハーバードでいちばん人気の国・日本　佐藤智恵
1033 自由のジレンマを解く　松尾 匡
1034 日本経済の「質」はなぜ世界最高なのか　福島清彦
1039 中国経済はどこまで崩壊するのか　安達誠司

[**心理・精神医学**]

053 カウンセリング心理学入門　國分康孝
065 社会的ひきこもり　斎藤 環
103 生きていくことの意味　諸富祥彦
171 学ぶ意欲の心理学　市川伸一
304 パーソナリティ障害　岡田尊司
364 子どもの「心の病」を知る　岡田尊司
381 言いたいことが言えない人　加藤諦三

453 だれにでも「いい顔」をしてしまう人　加藤諦三
487 なぜ自信が持てないのか　根本橘夫
550 「うつ」になりやすい人　加藤諦三
583 だましの手口　西田公昭
695 大人のための精神分析入門　妙木浩之
697 統合失調症　岡田尊司
796 老後のイライラを捨てる技術　保坂 隆
825 事故がなくならない理由《わけ》　芳賀 繁
862 働く人のための精神医学　岡田尊司
867 「自分はこんなもんじゃない」の心理　榎本博明
895 他人を攻撃せずにはいられない人　片田珠美
910 がんばっているのに愛されない人　加藤諦三
918 「うつ」だと感じたら他人に甘えなさい　和田秀樹
942 話が長くなるお年寄りには理由《わけ》がある　増井幸恵
952 プライドが高くて迷惑な人　片田珠美
953 なぜ皮膚はかゆくなるのか　菊池 新
956 最新版「うつ」を治す　大野 裕
977 悩まずにはいられない人　加藤諦三
992 高学歴なのになぜ人とうまくいかないのか　加藤俊徳
1063 すぐ感情的になる人　片田珠美

[地理・文化]

264 「国民の祝日」の由来がわかる小事典　所 功
465・466 [決定版] 京都の寺社505を歩く(上・下)
山折哲雄／槇野 修
592 日本の曖昧《あいまい》力　呉 善花
639 世界カワイイ革命　櫻井孝昌
650 奈良の寺社150を歩く　山折哲雄／槇野 修
670 発酵食品の魔法の力　小泉武夫／石毛直道[編著]
705 日本はなぜ世界でいちばん人気があるのか　竹田恒泰
757 江戸東京の寺社609を歩く 下町・東郊編
山折哲雄／槇野 修
758 江戸東京の寺社609を歩く 山の手・西郊編
山折哲雄／槇野 修
845 鎌倉の寺社122を歩く　山折哲雄／槇野 修
877 日本が好きすぎる中国人女子　櫻井孝昌
889 京都早起き案内　麻生圭子
890 反日・愛国の由来　呉 善花
934 世界遺産にされて富士山は泣いている　野口 健
936 山折哲雄の新・四国遍路　山折哲雄
948 新・世界三大料理
神山典士[著]／中村勝宏、山本豊、辻芳樹[監修]
971 中国人はつらいよ――その悲惨と悦楽　大木 康